"It is one thing to read great poetry. It is another thing altogether to read poetry by a great man: prophet, historian, mentor and friend, world traveler; a man born in a time of war who would, in his actions and writings, rage against war, dream against war. Tony Mares in all his fullness is here, in a book that must be read as the world seems again to crack open. We need Tony's voice and vision as never before. This book will be a classic, and blessed are those in whose hands this book falls."
DEMETRIA MARTÍNEZ | author of *The Block Captain's Daughter*

"Historical accounts through Mares's poetic visions present the poet, intellectual, and *resolanero* through a critical public dialogue, in a manner that evokes the conversations he overheard his parents having about the Spanish Civil War in his childhood home near La Plaza Vieja, Albuquerque's Old Town neighborhood. Mares draws the readers/eavesdroppers out of the corners and engages us to create our own musings and reminds us of the important role that poetry plays in keeping historical memory alive. The poems, illuminated by the twin flames of English and Spanish, present the same perspective but from a different angle. Or as his *camarada* Tomás Atencio would say, '*Es el mismo guante, nomás que alrevez*' (It is the same glove, inside out)."
LEVI ROMERO | Inaugural New Mexico State Poet Laureate and author of *A Poetry of Remembrance: New and Rejected Works*

"In this tableau of poems, E. A. 'Tony' Mares reconstructs the Spanish Civil War as the most iconic struggle of the twentieth century. Naming names, the poet tracks down and confronts the grand and petty players from all sides of that bloody conflict. From the refracted shards of language and the visceral, sensory details of the Spanish landscape, a towering vision emerges, leavened with the humility and humor that finally bring us home, to Tony's home, Albuquerque's Old Town Plaza."
MICHAEL A. THOMAS | author of *Hat Dance: A Novel*

"In August 1974, with Franco still in power, I organized an exceptional poetry reading by Ángel González, myself, Tony Mares, and Enrique Lamadrid to the musical accompaniment of Xavier Ribalta, a Catalán guitarist and songwriter, to finalize a summer seminar in Spain. Ribalta was banned from performing in public, and the entire poetry reading was illegal at that time, but it was private with no publicity. Afterward, Tony continued his research and travels around Spain to observe a society in the last days of a fascist dictatorship. Tony's masterwork, this prodigious collection of poetry, in many ways began there."

GARY BROWER | editor of *Malpais Review* and author of *The Book of Knots*

REFLECTIONS THROUGH THE CONVEX MIRROR OF TIME

REFLEXIONES TRAS EL ESPEJO CONVEXO DEL TIEMPO

MARY BURRITT CHRISTIANSEN POETRY SERIES

Hilda Raz, Series Editor

The Mary Burritt Christiansen Poetry Series publishes two to four books a year that engage and give voice to the realities of living, working, and experiencing the West and the Border as places and as metaphors. The purpose of the series is to expand access to, and the audience for, quality poetry, both single volumes and anthologies, that can be used for general reading as well as in classrooms.

Also available in the Mary Burritt Christiansen Poetry Series:

The Gospel of Wildflowers and Weeds: Poems by Orlando Ricardo Menes
The Loneliest Girl: Poems by Kate Gale
Walking Uphill at Noon: Poems by Jon Kelly Yenser
origin story: poems by Gary Jackson
Nowhere: Poems by Katie Schmid
Ancestral Demon of a Grieving Bride: Poems by Sy Hoahwah
The Definition of Empty: Poems by Bill O'Neill
Feel Puma: Poems by Ray Gonzalez
Grief Land: Poems by Carrie Shipers
The Shadowgraph: Poems by James Cihlar

For additional titles in the Mary Burritt Christiansen Poetry Series, please visit unmpress.com.

Poems in
Remembrance of the
Spanish Civil War

REFLECTIONS THROUGH THE CONVEX MIRROR OF TIME

University of New Mexico Press / Albuquerque

E. A. MARES

Prologue by Enrique R. Lamadrid

Introduction by Fernando Martín Pescador

Epilogue by Susana Rivera

REFLEXIONES TRAS EL ESPEJO CONVEXO DEL TIEMPO

*Poemas en
Recuerdo de la
Guerra Civil Española*

ISBN 978-0-8263-6430-2 (paper)
ISBN 978-0-8263-6431-9 (electronic)

Library of Congress Cataloging-in-Publication Data is on file
with the Library of Congress.

Founded in 1889, the University of New Mexico sits on the traditional homelands
of the Pueblo of Sandia. The original peoples of New Mexico—Pueblo, Navajo, and
Apache—since time immemorial have deep connections to the land and have made
significant contributions to the broader community statewide. We honor the land
itself and those who remain stewards of this land throughout the generations and
also acknowledge our committed relationship to Indigenous peoples. We gratefully
recognize our history.

Cover photograph by SvetlanaSF / istockphoto.com
Halftitle and Part II photographs by Photo by P. B. Obregón
Part I photograph by Laussy
Part III photograph by SvetlanaSF / istockphoto.com
Part IV photograph by Mike Peel (www.mikepeel.net)
Designed by Mindy Basinger Hill
Composed in Adobe Caslon Pro and Calluna Sans

CONTENTS

ÍNDICE

I

DARK LIGHT AT THE SUN'S GATE

LUZ TENEBROSA EN LA PUERTA DEL SOL

II

A POET DIES · UN POETA MUERE

III

TIDAL RIVERS OF LIGHT AND MEMORY · RÍAS DE LUZ Y DEL RECUERDO

IV

RETURN TO ALBUQUERQUE / VOLVER A ALBUQUERQUE

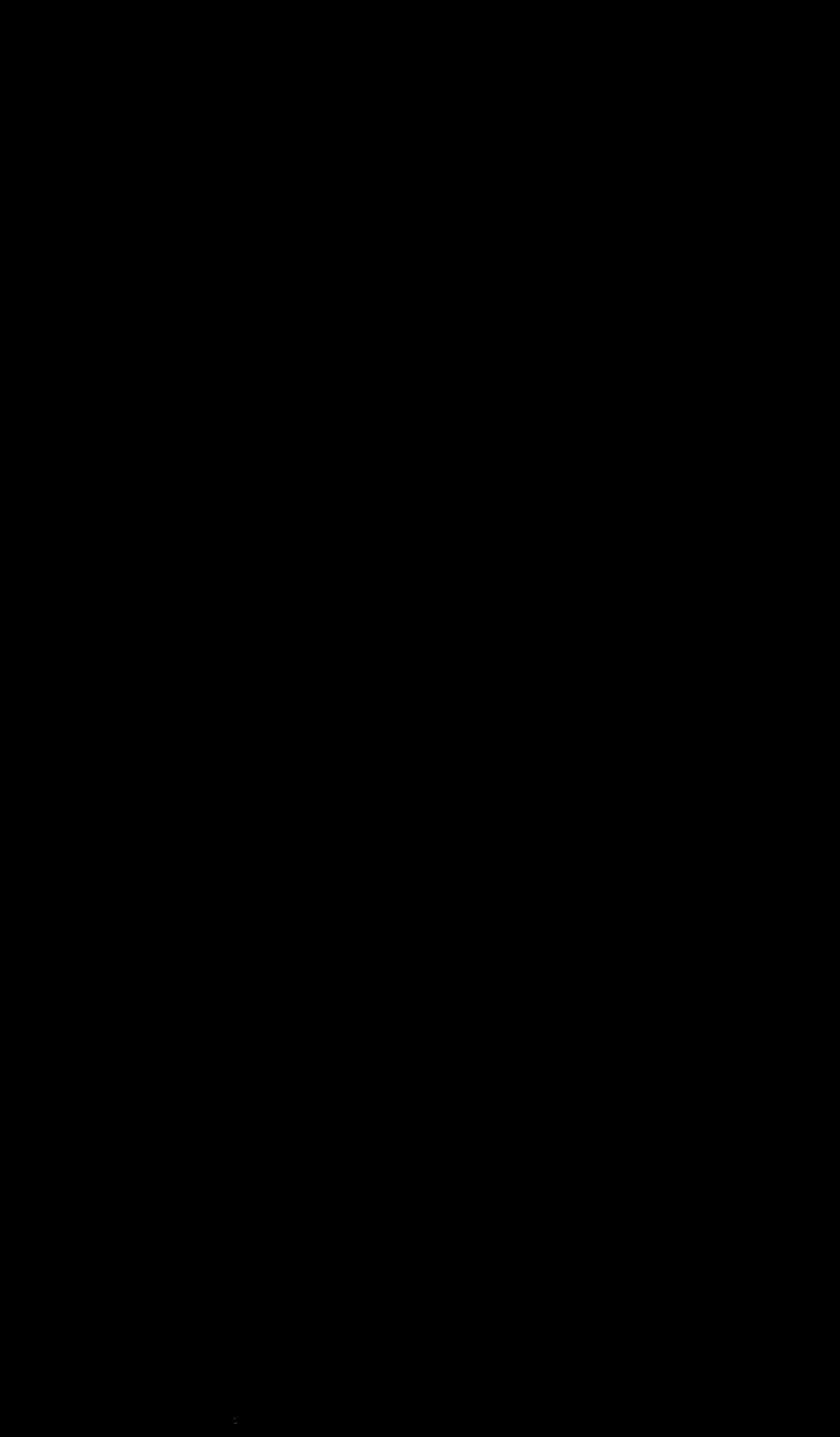

PROLOGUE

Ernesto Antonio Mares, *¡Presente!*

Enrique R. Lamadrid

One could wonder about Tony Mares's lifelong obsession with the Spanish Civil War. Born in 1938, his earliest memories beyond his family and barrio were of World War II. Later, he realized that the fratricidal conflict in Spain was its first chapter, a touchstone of geopolitics both before and after. As a young child in San Felipe de Neri parochial school in the Old Town neighborhood of Albuquerque, New Mexico, teacher-priests fresh from Franco's Spain forced him to his knees to give thanks to God for the great victory against the "Reds."

This collection is a kind of palimpsest where Mares as poet and historian writes himself and humanity itself back into the picture. For him the war, "with its dramatic and intense qualities, is a convex mirror where we can see ourselves as beings who fight a civil war within our very selves" (xix). He dramatically positions himself as one of the "Fallen Angels of Spain" in the poem of that title:

> He wanted to write a panoramic vision
> of the Spanish Civil War,
> the perfect poem about the war,
> the poem with wings to cover
> the distance between then and now.
>
> He listened to the news the wind carried.
> Through the train's windows
> falcons flew in searching for their prey.
> Songs from the 1930s
> mixed with Bob Dylan and Silvio Rodríguez.

Mares charts his own poetic genealogy—Federico García Lorca, Antonio Machado, and Ángel González—on the Spanish shore. A section in the poemario chronicles the death of Lorca through the sad lives of his killers, who tried, but failed, to assassinate art. The central metaphor is the convex mirror in which the poet deeply inhabits the periphery as witness and agent. As a seer in a context of history as prophecy, Mares shares the space with poets from American shores like Pablo Neruda and César Vallejo. This collection is Tony's "España en el Corazón," but the great Vallejo had already claimed that title during the same war.

Four angels loom over the ruins: the Fallen Angel of the Retiro (a sculpture of Lucifer in the gardens of El Prado); the Angel of Tenerife, a hideous monument to Francisco Franco; the apocalyptic Exterminating Angel of Comillas in a cemetery on the Cantabrian coast of Spain; and Ángel González, the greatest Spanish poet of his generation. By the end of his life, Tony effectively joins them.

In her critical epilogue, Susana Rivera, a leading critic of *posguerra* (postwar) Spanish poetry, places Mares in the same literary generation as her husband, Ángel González, despite the "*mares*"—the seas that divide and unite Europe with America. With the words of poet Blas de Otero, she deems him a "fiercely human angel" (*un ángel fieramente humano*) who channeled his anger and compassion to write beautiful poems "for the sake of humanity."

In his research, fieldwork, and poems, Tony revisited the battlefields and scenes of the crimes against democracy, against humanity, and against art. In his touching prologue, poet and critic Fernando Martín Pescador recounts Tony's visit to the Belchite battlefield site and the Virgen del Pilar with his own father, Marcelo. Astonishing miracles, large and small, keep hope alive, like the unexploded bombs in the Basilica of Zaragoza, hung from a wall near the Virgen on her pillar. But Mares did not believe in miracles.

Tony lived his life between languages, faithful to both English and Spanish, the "twin flames" as poet Levi Romero asserts—or, as social philosopher Tomás Atencio used to say, "*El mismo guante nomás que al revés* (It is the same glove, only turned inside out). He was fully armed with two tongues, two hammers, two wings, and he marshaled the poetic resources of both. Some poems emerged first in Spanish and others first in English, but they are in full conversation, not just translations. Since symmetrical bilingualism is relatively rare, readers dominant in either language get to explore and engage the other with the flick of an eye. This is how Tony's published poems have appeared in journals and anthologies—face to face / *cara a cara*.

Since the day my own father introduced me to him, Tony was once and forever "*el poeta*." I was intrigued that my father was about as much older than Tony as Tony was than me. It made for some interesting intergenerational conversations, rare in our age-segregated culture. They both studied with the exiled Spanish novelist Ramón Sender, who was a great hero to them. My father fled Spain in 1937 as a twelve-year-old with his aunt, brother, and sister, just ahead of the invading Republican armies that were storming the mountains of the Cantabrian coast. It had nothing to do with ideology and everything to do with invasion, privation, and the insanity of war. Poetry proved to be the most effective antidote to it all.

I remember Tony from the Students for a Democratic Society meetings at the University of New Mexico and all the mobilization in protest of the Vietnam War. Paranoid times, since the scene was rife with infiltrators and provocateurs. SDS sponsored one of the first Albuquerque showings of *Salt of the Earth*, that dreadful, subversive film. It made us understand how seditious our very existence was. Then I drew number 10 on the first Vietnam draft lottery and got my letter to ship out. After consulting with my teachers, poets Gary Snyder and Gregory Corso, I staked a claim to conscientious objection based on "the sanctity of all sentient things," including stars, rocks, trees, animals, and people. It was a line from one of Snyder's poems. Tony was proud of that.

When I started pursuing Latin American poetry at the University of Southern California, Tony, Tomás Atencio, and Estevan Arellano visited me to attend the first Flor y Canto literary festival, my introduction to New Mexico's illustrious cohort of off-the-grid thinkers, La Academia de la Nueva Raza. In 1974, by different paths, Tony and I ended up in a summer seminar in Madrid with Ángel González, the poet Gary Brower, and our wives. It was the first of several Iberian trips I enjoyed with Mares. In a military parade, from a balcony, we watched the Spanish army goose-step along the boulevards with their Nazi-styled helmets, an unsettling time warp that astonished us all. We were living nearby in a *pensión* on Cantarranas street in Lope de Vega's old neighborhood near the Prado. Later we drove to Granada and Puebla de Cazalla, a small Andalusian town with a radical Flamenco deep-song festival. Tony was provoking the Guardia Civil officers around town, and it was all I could do to pull him by the collar and out of their way. After some wine, he would pound on their cars as they went by with their patent-leather hats.

I always appreciated the nature of Tony's creative and social genius. He knew how to validate his fellow human beings in their quest to becoming themselves through action, through art. He could talk persuasively to dogs and cats. Children and adolescents loved his unselfish and generous attention. Yet his advice and recommendations were ever honest and sincere. His counsel broke through to people without offending them, like when he told the young poets in his groundbreaking online workshop, "Writers' Inn," "Yes, your poem is great! But it isn't as good as you think it is. Walk away, return, then work some more on it! Never give up."

In the end, as in the beginning, authorship is about authority through compassion. Not the false and shallow authority of political parties, universities, and bureaucracies, but the telluric and cultural authority of those who have sought out their voice and tested it against wind and waves. Like in Tony's epic poem about Popay, the leader of the Great Pueblo Rebellion of 1680, his authority flowed to him from East, West, North, and South.

One afternoon in Madrid, Tony led me away from a guided tour of the San Antonio de la Florida chapel, filled with Goya frescoes and not far from the Casa de Campo and the university. Below the garden outside was a steep hillside that led to the *bosque* of the Río Manzanares. From those heights the American volunteers of the Abraham Lincoln Brigade heroically laid down their lives defending Madrid, democracy, and the Spanish Republic from the combined attacks of the Fascist armies that were soon to overcome the rest of Europe and change the course of all our lives forever.

PRÓLOGO

Ernesto Antonio Mares, ¡Presente!

Enrique R. Lamadrid

Se podría especular sobre la obsesión que tuvo Tony Mares por la Guerra Civil Española durante toda su vida. Nacido en 1938, sus primeras memorias más allá de su familia y barrio eran de la Segunda Guerra Mundial. Después, se dio cuenta de que el conflicto fratricida en España había sido su primer capítulo, la piedra de toque de la geopolítica mundial tanto antes como después. De niño en la escuela parroquial de San Felipe de Neri en la Plaza Vieja de Albuquerque, Nuevo México, sus maestros sacerdotes recién llegados de la España de Franco le forzaban a arrodillarse para darle gracias a Dios por la gran victoria contra los "Rojos."

Este poemario es una especie de palimpsesto donde Mares, como poeta e historiador, se inscribe a sí mismo y a la humanidad en el manuscrito. Para él la guerra, "con sus cualidades dramáticas e intensas, es un espejo convexo en donde podemos vernos como seres que peleamos una guerra civil dentro de nosotros mismos" (xxi). Se posiciona dramáticamente como uno de los "Ángeles caídos de España" en el poema de ese título:

Quería escribir una vista panorámica
de la Guerra Civil Española,
el poema perfecto de la guerra,
el poema con alas para atravesar
la distancia entre ayer y hoy.

Escuchó las noticias que traía el viento.
Entraban por las ventanillas del tren
halcones en busca de sus presas,
canciones de los años treinta
mezcladas con Bob Dylan y Silvio Rodríguez.

Mares traza su propia genealogía poética—Federico García Lorca, Antonio Machado y Ángel González—en el terreno español. Una sección del poemario narra la muerte de Lorca a través de la triste vida de sus asesinos que intentaron matar al arte, pero fracasaron. La metáfora central es el espejo convexo en que el poeta habita las profundidades de su periferia como testigo y agente. Cual vidente en un contexto de historia como profecía, Mares comparte el espacio con poetas del terreno americano como Pablo Neruda y César Vallejo. Esta colección es la "España en el corazón" de Tony, pero el gran Vallejo ya había reclamado ese título durante la misma guerra.

Cuatro ángeles sobrevuelan las ruinas: el Ángel Caído del Retiro (una escultura de Lucifer en los jardines del Prado); el Ángel de Tenerife, un espantoso monumento a Francisco Franco; el apocalíptico Ángel Exterminador de Comillas en un cementerio en la costa cantábrica de España; y Ángel González, el poeta más renombrado de su generación. Al final de su vida, Tony efectivamente se junta a ellos.

En su epílogo crítico, Susana Rivera, una crítica destacada de la poesía española de posguerra coloca a Mares en la misma generación literaria que su esposo, Ángel González, a pesar de los "*mares*" que dividen y unen a Europa con las Américas. Con las palabras del poeta Blas de Otero, lo considera "un ángel fieramente humano" que canalizó su ira y compasión para escribir poemas hermosos para "el bien de la humanidad."

En sus investigaciones, trabajo de campo y poemas Tony visitó los campos de batalla y las escenas de los crímenes en contra de la democracia, la humanidad y el arte. En su prólogo conmovedor, el poeta y crítico, Fernando Martín Pescador relata la visita de Tony al campo de batalla de Belchite y a la Virgen del Pilar con su propio padre, Marcelo. Los milagros más asombrosos, grandes y pequeños, salvaguardan la esperanza, como las bombas no estalladas en la Basílica de Zaragoza colgando de una pared cerca de la Virgen en su columna. Pero Mares no creía en los milagros.

Tony vivió su vida entre dos lenguas fiel al inglés y al castellano, las "llamas gemelas" como afirma el poeta Levi Romero, o "el mismo guante, nomás que al revés" como decía el filósofo social Tomás Atencio. Se armaba de esas dos lenguas, como dos martillos, dos alas, y manejaba los recursos poéticos de los dos. Algunos poemas surgieron primero en castellano y otros primero en inglés, en pleno diálogo, no solamente traducciones. Dado que el bilingüismo simétrico es relativamente poco común, los lectores dominantes en cualquiera de los dos idiomas pueden explorar y ahondarse en la otra en un abrir y cerrar de ojos. Así han aparecido los poemas de Tony publicados en revistas y antologías—*cara a cara.*

Desde el día que mi propio padre me lo presentó, Tony fue ya para siempre—*el poeta*. Me intrigaba que mi papá le llevara tantos años a Tony como Tony a mí. Esto generó conversaciones notables, nada comunes en nuestra cultura segregada por la edad. Los dos estudiaron con el novelista español exilado, Ramón Sender, un gran héroe para ambos. Mi padre huyó de España en 1937 a los doce años con su tía, hermano y hermana, justo por delante de los ejércitos republicanos invasores que asaltaban las montañas de la costa cantábrica. No tenía nada que ver con ideologías sino invasiones, privaciones y la locura de la guerra. La poesía resultó ser el antídoto más eficaz para todo.

Recuerdo a Tony de las juntas de la Sociedad de Estudiantes por la Democracia (SDS) en la Universidad de Nuevo México y la movilización para protestar la Guerra de Vietnam. Eran tiempos de paranoia porque el ambiente estaba plagado de infiltradores y provocadores. SDS patrocinó una de las primeras proyecciones de *Sal de la Tierra* en Albuquerque, esa película tan temible y subversiva. Nos hizo entender lo sediciosa que era nuestra propia existencia. Entonces saqué el número 10 en el primer sorteo para la conscripción a Vietnam y recibí mi carta de llamamiento. Después de consultar a mis maestros, los poetas Gary Snyder y Gregory Corso, presenté una solicitud de objeción de conciencia basada en la "santidad de todos los seres sensibles," incluyendo las estrellas, piedras, árboles, animales y personas. Era un verso de un poema de Snyder. Tony estuvo orgulloso de mí.

Cuando empecé mis estudios graduados de poesía latinoamericana en la Universidad del Sur de California, Tony, Tomás Atencio y Estevan Arellano me visitaron para participar en el primer festival literario Flor y Canto, fue mi introducción al ilustre grupo de pensadores comunitarios, La Academia de la Nueva Raza. En 1974, por caminos distintos, Tony y yo nos encontramos en Madrid en un seminario de verano con Ángel González, el poeta Gary Brower y nuestras esposas. Fue el primero de varios viajes a Iberia que gocé con Mares. En un desfile militar, desde un balcón, observamos al ejército español marchar por las calles con su "paso de ganso" y sus cascos nazis, un anacronismo que nos asombró a todos. Vivíamos cerca, en una pensión de la calle Cantarranas, en el antiguo barrio de Lope de Vega, cerca del Prado. Más tarde manejamos a Granada y Puebla de Cazalla, un pequeño pueblo andaluz con un subversivo festival de cante jondo flamenco. Tony provocaba a los oficiales de la Guardia Civil por las calles. Tuve que sacarlo por el cuello para no meternos en problemas. Después de unos vasos de vino, golpeaba sus coches cuando pasaban con sus tricornios de charol.

Siempre aprecié la naturaleza del genio creativo y social de Tony. Sabía cómo validar a sus prójimos en su odisea hacia encontrarse a sí mismos a través de sus acciones, a través del arte. Tenía el don de hablar de manera persuasiva con los perros y gatos. Los niños y adolescentes amaban su dedicada y generosa atención. Sin embargo, sus consejos y recomendaciones eran siempre honestos y sinceros. Sus admoniciones no eran ofensivas; como cuando aconsejaba a los jóvenes poetas en su innovador taller en línea, "Writers' Inn," "¡Sí, tu poema es una maravilla! Pero no es tan bueno como piensas. ¡Aléjate, luego regresa y sigue trabajándolo! No te rajes nunca."

Al final, como en el comienzo, ser autor es ejercer la autoridad a través de la compasión. No la autoridad falsa y superficial de partidos políticos, universidades y burocracias, sino la autoridad telúrica y cultural de los que han buscado su voz y la han probado contra el viento y la marea. Como en su poema épico sobre Popé, el jefe de la gran Rebelión de los Indios Pueblo de 1680, la autoridad de Tony fluyó hacia él desde el oriente, poniente, norte y sur.

Una tarde en Madrid, Tony me sacó de una visita guiada a la capilla de San Antonio de la Florida llena de frescos de Goya, no lejos de la Casa de Campo y la universidad. Afuera, debajo del jardín, había una ladera empinada que llevaba al bosque del Río Manzanares. Desde estos altos los voluntarios americanos de la brigada Abraham Lincoln heroicamente sacrificaron su vida en defensa de Madrid, de la Democracia y de la República Española ante los ataques coordinados de las fuerzas fascistas que pronto vencieron al resto de Europa, cambiando el curso de nuestras vidas para siempre.

PREFACE

E. A. "Tony" Mares

From the time I was a youngster, my parents frequently spoke about the Spanish Civil War (1936–1939). Like good and intelligent liberals, they were on the side of the Spanish Republic. It was a theme often repeated in our home environment, where discussions about politics and history were very sharp.

As time passed, I had the good luck to become a student of Ramón Sender for three years. Naturally, he talked a great deal about that war. During those years of the 1970s, I came to know more about the International Brigades, including the Lincoln Brigade, a battalion of volunteers, principally from the United States, who fought for the Republic. At one time, I was able to speak with some of them, and I spoke at least by phone with Robert Colodny.

For those who know nothing about this war or for whom it seems like any other one lost in the remote past, I should say that besides being a brutal war, as all civil wars are, it was also the real beginning of World War II.

And why this book of poems? For me, the Spanish Civil War of the last century, with its dramatic and intense qualities, is a convex mirror where we can see ourselves as beings who fight a civil war within our very selves. I also believe that if we cannot find compassion as a counterweight to our worst instincts for destroying the human environment, both internal and external, then as a species we could disappear without a trace. Not all solutions are political. But some are. Political and historical memory is important for all who would like to push history just a little farther down the road to a better society for all. Within the aesthetic context of literature, my poems try to provide a little nudge in that direction.

Tony Mares / OCTOBER 24, 2013

PREFACIO

E. A. "Tony" Mares

Desde joven, mis padres hablaban mucho de La Guerra Civil Española (1935–1939). Como buenos e inteligentes liberales, estaban del lado de la República. Era un tema que se repetía muchas veces en el ambiente familiar donde las discusiones de política e historia eran agudas.

Con el paso del tiempo, tuve la buena suerte de ser estudiante de Ramón Sender por tres años. Naturalmente, él discursaba mucho sobre esa guerra. En esos años de los sesenta del siglo pasado, llegué a conocer más de las brigadas internacionales, incluso la Brigada Lincoln, un batallón de voluntarios principalmente de Estados Unidos que lucharon por la República. Hubo ocasión de hablar con algunos de ellos y con un voluntario, Robert Colodny, a lo menos por teléfono.

Para quienes no saben nada de esta guerra o a quienes les parezca como cualquiera perdida en el pasado remoto, yo debiera decir que además de ser una guerra brutal, como todas las guerras civiles, fue el verdadero comienzo de la Segunda Guerra Mundial.

¿Y por qué este poemario? Para mi la Guerra Civil Española del siglo pasado, por lo dramático e intenso que fue, es un espejo convexo en donde podemos vernos a nosotros mismos como seres que luchamos una guerra civil dentro de nuestro ser. También creo que si no podemos encontrar la compasión para el contrapeso de nuestros peores instintos para destruir el ambiente interno y externo del ser humano, como una especie podremos desaparecer sin dejar rastro. No se pueden resolver todos las problemas con la política. Mas algunos sí. La memoria histórica y política es importante para todos que quisieran empujar la historia un poco más allá por el camino que da a un mundo mejor para todos. Dentro del contexto estético de la literatura, mis poemas tratan de empujar en esa dirección.

ACKNOWLEDGMENTS

Of everyone to thank for keeping us in good spirits in tough times to make this book happen, Tony stands modestly at the top of the list. He was a most amazing and compassionate fellow traveler on this, the road of life, for all of us, family and friends for whom he has been mentor, teacher, companion, and friend. He was a great *resolanero* who sat with us in the sun and shadows and engaged us all in the thoughtful dialogues at the center of creativity and action. Whenever he spoke even to humble animals, they listened. We were all privileged to travel with him on highways, *caminos reales*, mountain paths, and rivers all over New Mexico and the Southwest, Mexico, Spain, Alaska, and beyond. Tomás Atencio and Estevan Arellano of the Academia de la Nueva Raza, in Embudo, New Mexico, gave him the nickname "El Siete Mares," and Tony lived up to it. He was fascinated by maps and watches and could use a compass, but he never got down to the seven seas much.

This, his last book and masterpiece, would have been impossible to finish without the support and dedication of the following people.

Vered Mares, his daughter, who rescued and collated drafts from multiple computers and hard drives.

Carolyn Meyer, his wife, who took him on his final poet's pilgrimage to Spain in 2014.

Susana Rivera, friend, scholar, and talented poetry editor, who labored tirelessly to make certain that each text could resonate and shine with the light that Tony breathed into it.

Ángel González, the greatest of the post–Civil War Spanish poets, Susana's husband, whose music is still in our ears. He considered fellow poet Tony to be his finest translator, and they collaborated on his last book a year before he died in 2008.

Elise McHugh of UNM Press, a participant in Tony's seminars and workshops in the English Department, who made sure that all the wheels and moving parts ran smoothly.

Fernando Martín Pescador and Enrique Lamadrid, who enjoyed traveling with Tony in Spain and made sure this all happened in beauty. And all the creative scholars, teachers, and writers in the academy of life, Levi Romero, Demetria Martínez, Mike Tomas, Gary Brower, and a multitude of others who inspired him and whose lives he touched. He never met Woodie Guthrie, but he always had a picture of his guitar in his office with the engraving on it: "This machine kills Fascists."

AGRADECIMIENTOS

De todos aquellos que alimentaron nuestro optimismo en los momentos más difíciles del proceso de publicación de este libro, Tony se sitúa modestamente (e indiscutiblemente) en las primeras posiciones de la lista. Tony fue un compañero de viaje maravilloso; lleno de generosidad en esta carretera de la vida, para todos nosotros, sus familiares y amigos, ha sido un mentor, un maestro y un amigo. Fue un gran *resolanero*, un gran conversador, que se sentaba con todos nosotros al sol (y en ocasiones, en las sombras) y nos conducía por diálogos profundos en los que primaban la creatividad y la acción. Siempre que hablaba, incluso cuando hablaba a animales de humilde condición, era escuchado. Tuvimos el privilegio de viajar junto a él por autopistas, *caminos reales*, senderos montañosos y ríos por todo Nuevo México, por el Suroeste de los Estados Unidos, por México, España, Alaska y más allá. Tomás Atencio y Estevan Arellano de la Academia de la Nueva Raza, en Embudo, Nuevo México, le bautizaron con el sobrenombre de *El Siete Mares* y Tony vivió a la altura de su apodo. Le fascinaban los mapas, los relojes y las brújulas (aunque no se sumergió en los siete mares con frecuencia . . .).

Habría sido imposible publicar este, su último libro y obra maestra, sin el apoyo y dedicación de las siguientes personas:

Vered Mares, su hija, que rescató y recopiló borradores de múltiples computadoras y discos duros. Es dueña del antro literario favorito de Tony, Writer's Block Bookstore and Café en Anchorage, Alaska.

Carolyn Meyer, su viuda, autora renombrada y humorista, que llevó a Tony a España en 2014 en su última peregrinación como poeta.

Susana Rivera, amiga, académica y excelente editora de poesía, que trabajó incansablemente para asegurarse de que cada texto pudiera resonar y brillar con la luz que Tony exhaló en ellos.

Ángel González, el más celebrado de los poetas españoles de posguerra, fue marido de Susana. Consideró a Tony su mejor traductor. La colección retrospectiva de la poesía de Ángel sobre la música, *Almost all the Music / Casi toda la música* apareció un año antes de que muriera en 2008.

Elise McHugh de la editorial UNM Press, asidua de los seminarios y grupos de trabajo de Tony en el Departamento de Inglés, que se aseguró de que todos los engranajes giraran correctamente.

Fernando Martín Pescador y Enrique Lamadrid, que disfrutaron viajando con Tony por España e intentaron que siempre reinara la belleza.

Y todas aquellas personas creativas (académicos, profesores y escritores) en la escuela de la vida: Levi Romero, Demetria Martínez, Mike Tomas, Gary Brower y muchos otros que le inspiraron y cuyas vidas Tony cambió. Nunca conoció a Woodie Guthrie, pero, en su despacho, Tony siempre tenía una foto de la guitarra de Guthrie tatuada con su lema: "Esta máquina mata fascistas."

Remembering Tony

Fernando Martín Pescador

I like to boast of having been a good friend of Tony Mares. I am not motivated by envy or a desire to appropriate him (Tony had very good friends and a heart sufficiently large and generous for all of them), nor even by wanting to impose my interpretation of his poems over any other (all can be equally valid). I like to boast of having been a good friend of Tony Mares because, between 2010 and 2015, Tony occupied a special place in my heart.

The only good thing about the death of a great friend is that he never ceases to talk to you for the rest of your life. In some way, you fill the void that his passing left with the conversations that you once had with him, and the conversations you imagine you could have had. That is why it did not surprise me that in February of 2019, four years after his death, Tony told me that I should buy that book I had in my hands. I was in a secondhand bookshop in downtown Dublin, in Ireland, when a book had caught my attention. It was *Woody Guthrie and the Dust Bowl Ballads*, an exquisite graphic novel by Nick Hayes on the life of Tony Mares's favorite singer-songwriter.

Woody Guthrie was born in Okemah, Oklahoma. He was one of Tony's heroes because he had dedicated his life to giving voice to the common people, the humble folks, the Americans who had suffered most during the Great Depression. Tony was conscious of the responsibility of the poet and his political commitment to the world. In the last years of his life, Tony had accepted an invitation to Okemah to read his poems in the literary component of the festivals celebrated annually to honor Oklahoma's singer songwriter. The poem of this book, "Woody at the Jarama Front" (47) is dedicated to Woody Guthrie.

In October of 2011, Tony Mares was brimming with creative energy. He was already working on this poetry collection. He traveled to Spain with the goal of researching and immersing himself in the Spanish Civil War. Even though I was in New Mexico at the time, I offered him my apartment in Zaragoza, Spain, so he could see Belchite, a village fifty kilometers away that, between the years 1936 and 1939, changed sides on numerous occasions and whose ruins remain to remind us of the atrocities of the war. My parents offered to take him to Belchite by car, and that trip produced a beautiful human encounter: Tony Mares met my father. Both were born during the Spanish Civil War, my father in 1937 and Tony in 1938. Both recognized the mischievous child in each other and greatly enjoyed each other's company. The results of that encounter are the poems "Brilliant Like This Day" (93) and "Our Lady of the Pillar" (103).

"Brilliant Like This Day" describes Tony Mares's trip to Belchite with my parents. The ruins of the place are imposing. You can see the holes that the bombs made in the naves and cupolas of the churches. Still visible are the walls pierced by bullets from shootouts in and outside the houses. Tony was able to observe all this on a sunny October day.

During his stay in Zaragoza, my parents took Tony to the Basilica of the Virgin of the Pillar. There, inside the church, two bombs that were dropped during the Civil War but that did not explode when they landed near the Basilica hang from a wall. They hang there as a reminder of the miracle the Virgin worked so they would not detonate. While my parents told the story to Tony in front of the bombs, Tony voiced some skepticism out loud, and a passerby must have retorted just as he relates in the poem "Our Lady of the Pillar." At this, my father responded with a joke that silenced the busybody. Tony couldn't keep from laughing every time he recalled the story, and he marveled at the contradiction of the Spanish people—represented, on this occasion, by my father. The Spaniards of that generation could be profoundly religious (as Catholics) while, at the same time, they had no problem with telling totally anticlerical jokes.

In the summer of 2019, I was finally able to visit Martha Heard in Càlig, a little village near Castellón, in Spain, about twenty minutes from the Orange Blossom Coast. Martha lives in Albuquerque, New Mexico, but for some forty years she has spent almost every summer in her house in Càlig. Since her arrival, Martha had been conducting a series of interviews with the local people. In her recordings, the elders of the region recounted to Martha their tribulations before and during the Civil War. The district of Maestrazgo had been through a good number of anarchist regimes in the form of different collectives that met their demise when they were overtaken by Franco's troops. Well documented and supported by these oral histories from Càlig, in 2013 Martha Heard published a book titled

Salir del silencio: Voces de Càlig 1900–1938 ("Emerging from Silence: Voices of Càlig 1900–1938," unpublished in English). The book has a preamble written by Tony Mares. Tony was impressed by one of the stories that appears in this volume and decided to write "From Càlig to Benicarló" (107), which he included in the collection we have in our hands today.

During the years that Tony was writing *Reflections through the Convex Mirror of Time: Poems in Remembrance of the Spanish Civil War*, he was obsessed with the statues and monuments to the fallen angel. Lucifer, the fallen angel, is the instigator of all wars (and they are all fratricidal). The fallen angel flies over all the poems of this book, and, what's more, it is no accident that Tony included four poems with the fallen angel as protagonist: "The Fallen Angel of Madrid" (3), "The Fallen Angels of Spain" (9), "The Fallen Angel of Tenerife" (13), and "The Exterminating Angel of Comillas" (91). On one of his last visits to Spain, Tony took me to see *The Fallen Angel* that is in the gardens of the Retiro in Madrid. As a counterpoint, another Ángel of flesh and bone appears, the great poet Ángel González, a personal friend of Tony as is evident in the poem "Ángel and Me" (133).

On his last visit to Spain, just three months before his death, Tony wanted to pay his respects to Antonio Machado (in one interview he even declared that he was his favorite poet). To do so, he went to Collioure, in the south of France, where the Spanish poet is buried. The flight to exile and the death of Antonio Machado were part of an epic difficult to forget. Afraid that Barcelona would fall to Franco's troops sooner than expected, the Machado family left for the border in a Sanitation Department vehicle. They joined the line of vehicles and people on foot heading to France, fleeing the certain repression to come after the end of the war. Half a kilometer from the border, they had to abandon the car due to a jam of abandoned vehicles and walk in the cold and rain of the winter of 1939. That night, having made it to France, they managed to sleep in a train car. The next day a train took them to Collioure. On February 22, Antonio Machado died, and three days later, his mother died as well.

After visiting the grave of the Machados in the south of France, Tony Mares and his wife, Carolyn Meyer, came to see me in Madrid. Tony, in spite of his optimism and his desire to celebrate our encounter, was not well. He could hardly walk and had to carry his bottle of oxygen at all times. In a moment, when we were alone, Carolyn told me of her recent trip to Collioure with Tony. It had been almost as epic and with an ending almost as terrible as that of the Machado family. In the end, everything had turned out well thanks to Carolyn's infinite help and the vital energy Tony had mustered for that trip. Tony transferred all this to paper in a magnificent poem, "Travelers to Collioure" (125).

It was the last time I saw Tony Mares. He died on January 30, 2015. But Tony keeps talking to me. He invites me to buy books and see movies. He encourages me to think, to write, to exchange opinions with others. He reminds me that we should always take the side of the weakest, the disadvantaged. And, best of all, in all the conversations I had with Tony and in all those I could have had, Tony makes me laugh, he makes me enjoy life.

Recordando a Tony

Fernando Martín Pescador

Me gusta presumir de haber sido un buen amigo de Tony Mares. No lo hago movido por los celos o con afán acaparador (Tony tenía muy buenos amigos y un corazón lo suficientemente grande y generoso para todos ellos); ni siquiera con la intención de imponer mi interpretación de sus poemas sobre cualquier otra (todas pueden ser igual de válidas). Me gusta presumir de haber sido un buen amigo de Tony Mares porque, entre 2010 y 2015, Tony ocupó un lugar de privilegio en mi corazón.

Lo único bueno de que se muera un gran amigo es que no deja de hablarte durante toda tu vida. De alguna forma, llenas el vacío que deja su muerte con las conversaciones que alguna vez tuviste con él o con otras que, imaginas, podríais haber tenido. Por eso, no me sorprendió que, en febrero de 2019, cuatro años después de su muerte, Tony me dijera que debía comprar ese libro que tenía en mis manos. Yo me encontraba en una librería de segunda mano del centro de Dublín, en Irlanda, cuando un libro había llamado mi atención. Se trataba de *Woody Guthrie and the Dust Bowl Ballads*, una exquisita novela gráfica de Nick Hayes sobre la vida del cantautor favorito de Tony Mares.

Woodie Guthrie nació en Okemah, Oklahoma. Era uno de los héroes de Tony porque había dedicado su vida a dar voz al pueblo llano, a la gente humilde, a los estadounidenses que más habían sufrido durante la Gran depresión. Tony era consciente de la responsabilidad del poeta y de su compromiso con el mundo. En los últimos años de su vida, Tony había acudido como invitado a Okemah para leer sus poemas en el apartado literario de los festivales celebrados anualmente en honor al cantautor de Oklahoma. El poema de este libro "Woody en el Frente del Jarama" (50) está dedicado a Woody Guthrie.

En octubre de 2011, Tony Mares se encontraba en plena efervescencia creativa. Estaba trabajando ya en este poemario. Viajó a España con el fin de investigar en profundidad sobre la Guerra civil española. Aunque por entonces yo estaba en Nuevo México, le brindé mi apartamento en Zaragoza, España, para que conociera Belchite, un pueblo a unos cincuenta kilómetros que, entre los años 1936 y 1939, cambió de bando en numerosas ocasiones y cuyas ruinas siguen en pie para recordarnos las atrocidades de la guerra. Mis padres se prestaron a llevarlo a Belchite en coche y, durante ese viaje, se produjo un encuentro humano hermoso: Tony Mares conoció a mi padre. Ambos habían nacido durante la Guerra civil española: mi padre en 1937 y Tony en 1938. Ambos reconocieron en el otro a un niño travieso y disfrutaron enormemente de su compañía. Fruto de ese encuentro, son los poemas "Brillante como este día" (94) y "La Virgen del Pilar" (105).

"Brillante como este día" describe el viaje de Tony Mares a Belchite junto a mis padres. Las ruinas de la localidad son imponentes. Pueden verse los agujeros que hicieron las bombas en las naves y cúpulas de las iglesias, todavía se aprecian las paredes horadadas por los tiroteos dentro y fuera de las casas. Tony pudo apreciar todo esto en un día soleado de octubre.

Durante su estancia en Zaragoza, mis padres llevaron a Tony a la basílica de la Virgen del Pilar. Allí, dentro del templo, cuelgan de una pared dos bombas lanzadas durante la Guerra civil que no explotaron al estrellarse en las cercanías de la basílica. Cuelgan allí como prueba del milagro que obró la Virgen para que no estallaran. Mientras mis padres contaban la historia a Tony en frente de las bombas, Tony hizo un comentario escéptico en voz alta y alguien que pasaba por allí debió replicarle como cuenta en el poema "La Virgen del Pilar." A esto, mi padre saltó con una broma que dejó mudo al entrometido. Tony no paraba de reír cada vez que recordaba esta historia y se maravillaba ante la contradicción del pueblo español que representaba, en esta ocasión, mi padre: los españoles de esa generación podían ser profundamente religiosos (católicos) y, a la vez, no tenían ningún problema en soltar un chiste puramente anticlerical.

En el verano de 2019, pude, finalmente, visitar a Martha Heard en Càlig, un pueblecito de Castellón, en España, a unos veinte minutos de la Costa del Azahar. Martha vive en Albuquerque, Nuevo México, pero lleva unos cuarenta años pasando casi todos los veranos en su casa de Càlig. Desde que llegó a Càlig, Martha llevó a cabo una recopilación de entrevistas con los habitantes de la localidad. En sus grabaciones, los mayores de la región contaban a Martha sus tribulaciones antes y durante la Guerra civil. La comarca del Maestrazgo había recogido un buen número de experimentos anarquistas en forma de diferentes colectividades que encontraron su fin cuando fueron tomadas por las tropas franquistas. Bien documentada y apoyada por esta historia oral de Càlig, Martha Heard publicó en julio de 2013 un libro titulado *Salir del silencio: Voces de Càlig 1900–1938*. El libro contiene un preámbulo escrito por Tony Mares. Tony se quedó impresionado con una de las historias que aparecen en este volumen y decidió escribir "De Càlig a Benicarló" (108), que incluyó en este poemario que tenemos hoy entre las manos.

Durante los años que Tony estuvo escribiendo *Reflexiones tras el espejo convexo del tiempo: poemas en recuerdo de la Guerra civil española* andaba obsesionado con las estatuas y monumentos al ángel caído. Lucifer, el ángel caído, es el instigador de todas las guerras (y todas son fratricidas). El ángel caído sobrevuela por todos los poemas de este libro y no es casualidad que, además, Tony incluyera hasta cuatro poemas cuyo protagonista es el ángel caído: "El ángel caído de Madrid" (6), "Los ángeles caídos de España" (11), "El ángel caído de Tenerife" (14), y "El Ángel Exterminador de Comillas" (92). En una de sus últimas visitas a España, Tony me llevó a ver *El ángel caído* que está en el parque del Retiro, en Madrid. Como contrapunto, aparece un Ángel de carne y hueso, el gran poeta Ángel González, amigo personal de Tony como consta en el poema "Ángel y yo" (135).

En su última visita a España, apenas tres meses antes de su muerte, Tony quiso presentar sus respetos a Antonio Machado (en alguna entrevista había llegado a decir que era su poeta favorito). Para ello, se dirigió a Collioure, en el sur de Francia, donde el poeta español está enterrado. La marcha al exilio y la muerte de Antonio Machado vino acompañada de una épica difícil de olvidar. Temerosos de que Barcelona cayera bajo las tropas franquistas antes de lo esperado, la familia Machado salió hacia la frontera en un vehículo de la Dirección de Sanidad. Se unieron así a la fila de vehículos y personas a pie que se dirigían a Francia huyendo de las seguras represiones tras el final de la guerra. A medio kilómetro de la frontera, tuvieron que abandonar el coche ante el atasco de vehículos abandonados y caminar bajo el frío y la lluvia del invierno de 1939. Esa noche consiguieron dormir, ya en Francia, en un vagón de tren. Al día siguiente, un tren los llevó a Collioure. El 22 de febrero moría Antonio Machado y, tres días después, moría su madre.

Tras visitar la tumba de los Machado en el sur de Francia, Tony Mares y su esposa Carolyn Meyer, vinieron a verme a Madrid. Tony, a pesar de su optimismo y de sus ganas de celebrar nuestro encuentro, no estaba bien. Apenas podía caminar y debía portar siempre su botella de oxígeno. En un momento en el que nos quedamos a solas, Carolyn me relató su reciente viaje a Collioure junto a Tony. Había sido casi tan épico y con un final casi tan terrible como el de la familia Machado. Al final, todo había salido bien gracias a la infinita ayuda de Carolyn y a una energía vital que Tony había reservado para ese viaje. Todo esto lo trasladó al papel Tony con un magnífico poema, "Viajeros a Collioure" (128).

Fue la última vez que vi a Tony Mares. Murió el 30 de enero de 2015. Pero Tony sigue hablándome. Me invita a comprar libros y a ver películas. Me anima a pensar, a escribir, a intercambiar opiniones con los demás. Me recuerda que debemos ponernos siempre del lado del más débil, del desfavorecido. Y, lo mejor de todo, en todas las conversaciones que tuve con Tony y en todas las que podría haber tenido, Tony me hace reír, me hace disfrutar de la vida.

I

DARK LIGHT	LUZ TENEBROSA
AT THE	EN LA PUERTA
SUN'S GATE	DEL SOL

The Fallen Angel of Madrid[*]

The sculptor, Bellver, chiseled
darkness into the Fallen Angel.
He had spiraled down
through light years of pain,
through many mirrors of tragedy.

Bellver cast him in bronze,
gave him a log to sit on,
serpents to cover his genitals.
Now he reigns from Madrid,
atop a pedestal in the Retiro.
This angel of many names
surveys the city and all streets
leading to La Puerta del Sol
where a bear, also bronze, greets
tourists and revelers at dawn
in the very heart of Spain.

As night cascades down,
the Fallen Angel remembers
how he pushed the generals
to murder *la joven bonita*,
the young, beautiful
Spanish Republic. He recalls
the crowds in 1936, how he
flew away from his pedestal
to La Puerta del Sol. An eagle
on fire, he exulted in the cries,
"*¡Viva la república!*"
"*¡Viva la revolución!*"

He still enjoys the smell
of acrid smoke curling up
from the burning kettle of hate
into which he hurled priests
and bishops, businessmen,
bankers and teachers,
women and children. All
were fair game for the kettle
he fanned into flames
with his wings on fire.

Franco and the fatted bishops,
the large landowners
and their Civil Guard replied
with machine guns, firing squads,
bombs at Gernika, bodies
covered by scorched blood
and their own cry,
"*¡Viva la muerte!*"

At dawn, as revelers
stumble down Calle Carretas,
near La Puerta del Sol,
the Fallen Angel circles above.
He sees many people
laughing, dancing, embracing,
letting the good times roll.
Even the bronze bear smiles.

As he scans for cold spots
across the global radar,
everywhere he looks
the Fallen Angel finds the hearts
of violent persons frozen
into a deep-blue hatred.
Soon, he thinks, these hearts
will calve like glaciers
and explode from ice into a war
coming to you somewhere soon.

The Fallen Angel circles back
in a lazy spiral to his pedestal,
to his serpents in the garden.
As the sun rises over Madrid,
he rests. He waits. He knows
his time will come again.

* There are only four statues to the devil I know
of in the world. Three of them are in Spain.

El ángel caído de Madrid *

El escultor Bellver, talló
las tinieblas en el Ángel Caído.
Había descendido en espiral
tras años luz de dolor,
a través de muchos espejos de tragedia.

Bellver lo moldeó de bronce,
le dio un tronco en que sentarse,
serpientes para cubrir sus genitales.
Ahora reina desde Madrid,
encima de un pedestal en el Retiro.
Este ángel de muchos nombres
observa la ciudad y todas las calles
que dan a la Puerta del Sol
donde un oso, también de bronce, saluda
a los turistas y parranderos al amanecer
en el mero corazón de España.

Mientras la noche se vierte en cascadas,
el Ángel Caído recuerda
cómo animó a los generales
a asesinar a *la joven bonita*,
la bella recién nacida
República Española. Recuerda
a la muchedumbre de 1936, cómo
se alejó de su pedestal
hacia la Puerta del Sol. Como águila
en llamas, se regocijaba con los gritos,
"¡Viva la República!"
"¡Viva la revolución!"

Aún le gusta el olor del humo
áspero subiendo en espiral
de la olla hirviente de odio
en la cual arrojaba curas
y obispos, negociantes,
banqueros y maestros,
niños y mujeres. Cazaba
a todos para la olla que
mantenía en llamas
agitando sus alas ardientes.

Franco y los gordos obispos,
los grandes latifundistas
y su Guardia Civil respondieron
con ametralladoras, pelotones de fusilamiento,
bombas en Gernika, cuerpos
bañados en sangre chamuscada,
y su propio grito,
"¡Viva la muerte!"

Al amanecer, mientras los parranderos
caminan haciendo eses por la Calle Carretas,
cerca de La Puerta del Sol,
el Ángel Caído aletea por arriba.
Ve a mucha gente
riéndose, bailando, abrazándose,
laissez les bons temps rouler.
Hasta el oso de bronce sonríe.

Mientras busca sitios fríos
a lo largo del radar global,
por dondequiera que mira
el Ángel Caído encuentra los corazones
de personas violentas congelados
en un profundo odio azul.
Dentro de poco, piensa, estos corazones
se desprenderán del hielo glaciar
y explotarán en una guerra
que llegará pronto a algún lugar.

El Ángel Caído vuelve
en una lenta espiral a su pedestal,
a sus serpientes en el jardín.
Mientras el sol sale sobre Madrid,
descansa. Espera. Sabe
que su hora volverá.

*Que yo sepa sólo existen cuatro estatuas
al diablo en el mundo. Tres de ellas
están en España.

The Fallen Angels of Spain

He wanted to write a panoramic vision
of the Spanish Civil War,
the perfect poem about the war,
the poem with wings to cover
the distance between then and now.

He listened to the news the wind carried.
Through the train's windows
falcons flew in, searching for their prey.
Songs from the 1930s
mixed with Bob Dylan and Silvio Rodríguez.

From the pages of an encyclopedia
he digested images of that war
along with dances, firing squads,
and rock and roll.

In the dirty pages of a newspaper
smelling of urine that he found
in a sewer, a story discussed
a parade of dogs through the city.

He paused to reflect on the broken logic
of a young man talking to himself.
He wanted this monologue to occur
with God one day, as Machado said.

The night did not threaten him
because his fallen dead murmured
night and day in his ears.

When the sun broke through the dawn,
he was hardly able to breathe.
Mountains and valleys burned in the light.
Rays from the sun sang in chorus
the names of all the colors.

At last he began to write. He selected
the finest paper, and a pen
of silver and gold. He began to write.
Perfection suffocated every word.

Far away, you could hear
a Gregorian chorus lamenting the sad fate
of the fallen angels of Spain.

Los ángeles caídos de España

Quería escribir una vista panorámica
de la Guerra Civil Española,
el poema perfecto de la guerra,
el poema con alas para atravesar
la distancia entre ayer y hoy.

Escuchó las noticias que traía el viento.
Por las ventanillas del tren
entraban halcones en busca de su presa.
Canciones de los años treinta
se mezclaban con Bob Dylan y Silvio Rodríguez.

De las páginas de una enciclopedia
asimiló imágenes de esa guerra
junto con bailes, pelotones de fusilamiento
y rock and roll.

En las hojas sucias de un periódico
apestoso a orines que encontró
en una alcantarilla, se comentaba
un desfile de perros por la ciudad.

Se detuvo para reflexionar sobre las sinrazones
de un joven hablando consigo mismo.
Quería que el monólogo fuera con Dios
un día, según dijo Machado.

La noche no lo amenazaba
porque día y noche sus muertos
susurraban en sus oídos.

Cuando el sol irrumpió por el alba,
apenas podía respirar.
Montes y valles ardían en la luz.
Los rayos del sol cantaban a coro
los nombres de todos los colores.

Al fin empezó a escribir. Escogió
el mejor papel, y una pluma
de plata y oro. Empezó a escribir.
La perfección sofocaba cada palabra.

A lo lejos se oía
un coro gregoriano lamentando la triste suerte
de los ángeles caídos de España.

The Fallen Angel of Tenerife

Fallen angel of Santa Cruz
de Tenerife, may your wings,
strong and menacing
as a merciless raptor, carry you
far away from these beaches.

At the Military Museum,
Santa Cruz de Tenerife,
Canary Islands, a fallen angel
greets you. He could be a drone,
or a dive bomber ready
to bring down hellfire.

Above the angel, a man with a sword
in the form of a cross,
a priest of some sort, or possibly
the Generalísimo himself, leans
on the sword and rides the angel
on . . . to what?

It was called "The Monument to Franco,"
morphed into "Monument
to the Victory." A coy foundation calls it now
"The Monument to Peace."

Still, the government of Tenerife
changed the name to "Monument
to the Fallen Angel."

So what is he? Fallen angel? Sinister angel?
Fascist angel? All of the above.
Ángel Caído, on your swept back wings,
rise and fly away, far away,
from this lovely island in the sea.

A chihuahua walks by, lifts its leg,
gives his opinion of the angel
with a fine golden trickle.

El ángel caído de Tenerife

Ángel Caído de Santa Cruz
de Tenerife, que tus alas,
fuertes y amenazantes
de ave rapaz sin piedad, te lleven
lejos de estas playas.

En el Museo Militar de
Santa Cruz de Tenerife,
Islas Canarias, un ángel caído
te saluda. Podría ser un dron,
o un bombardero listo para lanzar
un fuego infernal a la tierra.

Encima del ángel, un hombre con una espada
en forma de cruz,
quizás un cura, o posiblemente
el mismo Generalísimo, se apoya
en la espada y cabalga al ángel
¿hacia . . . qué?

Se llamaba "El Monumento a Franco,"
se transformó en "Monumento a la Victoria."
Una fundación esquiva lo llama ahora
"El Monumento a La Paz."

Después de todo, el gobierno de Tenerife
cambió el nombre a
"Monumento al Ángel Caído."

¿Qué es entonces? ¿Ángel caído? ¿Ángel siniestro?
¿Ángel fascista? Es todo eso.
Ángel Caído, con tus alas en flecha,
levántate y vuela, vuela lejos,
lejos de esta bella isla en el mar.

Un perro chihuahua se acerca,
levanta la pata, y con un fino chorro dorado
da su opinión sobre el ángel.

The Animal Called Spain

Ramon Sender used to talk
about the shape of Spain,
that great head of a cow or bull
dipping into the seas.

The animal called Spain swallowed
entire races, discordant tribes
from every land, ideologies
that became deadly religions.

Such a small country puts on
an experimental theater
to explore our clumsy species,
the ways we fall on our butts, and cry.

Everyone is still exhausted
from the last major production,
a drama at times melodramatic:
the Spanish Civil War.

The actors have put away
the rubber knives, the pistols,
the blood-red paint, the fake
rumble of old Buicks.

Their headlights on victims
up against cemetery walls
at midnight, outside of town.
Only few hear the shots.

Now the actors lounge about.
Tapas appear and good wine
from la Rioja. Everyone relaxes,
prepares for what is to come.

May the angels of our dreams circle
above. May the fallen angels
of our nightmares fly about
aimlessly, far away from Spain.

El animal que se llama España

Ramón Sender solía hablar
de la forma de España,
esa gran cabeza de vaca o toro
metiéndose en los mares.

El animal que se llama España se tragó
razas enteras, tribus discordantes
de todas las tierras, ideologías
que se hicieron religiones mortíferas.

Este país tan pequeño pone
en escena un teatro experimental
para estudiar a nuestra torpe especie,
las maneras en que nos caemos de culo, y lloramos.

Todos siguen agotados
desde la última superproducción,
un drama un tanto melodramático:
la Guerra Civil Española.

Los actores han guardado
los cuchillos de goma, las pistolas,
la pintura color rojo sangre, el falso
runrún de los viejos Buicks.

Sus faros iluminando a las víctimas
contra las paredes del cementerio,
a medianoche, en las afueras del pueblo.
Solo unos pocos oyen los balazos.

Ahora los actores holgazanean.
Se sirven tapas y buen vino
de la Rioja. Todos se relajan,
preparándose para lo que vendrá.

Que los ángeles de nuestros mejores sueños
aleteen en círculos sobre nosotros.
Que los ángeles caídos de nuestras pesadillas
vuelen sin rumbo, muy lejos de España.

Couplets for the Spanish Civil War

Logic moves
from a to b to c

Nothing worthy of us
happens like that

We erupt from the dark
from a dreamless dream

Into this carnival
of light and loss

We lurch from civil war
within ourselves to total war

Against ourselves
you say Spanish Civil War

I say walk along the Nervión
where river and ocean mix

You say kill anything
that moves or changes

I say even the geraniums
need water and food

You say kill the liberals
I say let them squabble forever

You say kill the fascists
I say let these sad humans live

You say kill the communists
I say let them plan and plan

You say kill the anarchists
I love the anarchists

You say kill the republicans
I say let them talk and talk

You say kill the socialists
I say let them pursue their differences

I say let us all go together
to enter the loveliest of dreams

I say new life will follow
dragging after the slow centuries

Someday we will dance
together in the cosmos

Even if we never know it
even though we go away

The poem never stops

Coplas por la Guerra Civil Española

La lógica se mueve
desde la a, a la b, a la c

Nada digno de nosotros
ocurre así

Irrumpimos de la oscuridad
de un sueño sin sueños

Para aterrizar en este carnaval
de luz y de pérdida

Damos un tumbo desde la guerra civil
dentro de nuestro ser hasta la guerra total

Contra nosotros mismos
tú dices Guerra Civil Española

Yo digo que des un paseo a lo largo del Nervión
donde río y mar se mezclan

Tú dices que hay que matar todo
lo que se mueve o cambia

Yo digo que hasta los geranios
necesitan agua y comida

Tú dices que hay que matar a los liberales
yo digo que los dejen reñir para siempre

Tú dices que hay que matar a los fascistas
yo digo que dejen vivir a estos tristes tipos

Tú dices que hay que matar a los comunistas
yo digo que se les deje planificar y planificar

Tú dices que hay que matar a los anarquistas
yo amo a los anarquistas

Tú dices que hay que matar a los republicanos
yo digo que los dejen hablar y hablar

Tú dices que hay que matar a los socialistas
yo digo que los dejen perseguir sus diferencias

Yo digo que vayamos todos juntos
a penetrar los sueños más dulces

Yo digo que una vida nueva vendrá
arrastrándose tras los siglos lentos

Algún día bailaremos
juntos en el cosmos

Aunque nunca lo sepamos
aunque nos vayamos

El poema no cesa

In the Atocha Station

In this train station,
I see the milling crowd.
Outside, light glimmers
on the memorial to the fallen,
to those whose lives
sped away on the dark wings
of religious fanatics
into the skies above Madrid.
A loud voice announces
a train is about to go.

My mind drifts back
to the thirties,
to Federico, to Miguel,
to Antonio, Rafael, and Pablo,
with their suitcases
stuffed with poems
and with the future.
Their paths crisscross
with my footsteps here
in the Atocha Station
where the mirrored surface
of the convex past reflects
the present receding away.

A busker's violin dialogues
with each passerby.

En la Estación de Atocha

En esta estación de tren,
veo el remolino de gente.
Afuera, la trémula luz brilla
en el monumento a los caídos,
a aquellos cuyas vidas
se escaparon en las alas oscuras
de fanáticos religiosos
hacia los cielos de Madrid.
Un altavoz anuncia
la salida de un tren.

Mis pensamientos retroceden
a los años treinta,
a Federico, a Miguel,
a Antonio, Rafael, y Pablo,
con sus maletas
atestadas de poemas
y del porvenir.
Sus huellas se entrecruzan
con mis pasos aquí
en la Estación de Atocha
donde la superficie espejada
del pasado convexo refleja
la huida del presente.

El violín de un músico callejero
conversa con los transeúntes.

In the Atocha Station II

CNT* newspaper headline:
THE PEOPLE'S JUSTICE
NO MERCY FOR ANYONE

Adiós, General López Ochoa,
never mind you tried to prevent
a bloodbath in Asturias.
Never mind you favored negotiations
to executions. Anarchists
of the bloody and seedy kind
take you out of a hospital,
and the splendid Manuel Muñoz de Molino
executes you in the hospital gardens.
The anarchists behead you, nail
your head to a stake and pass it along
like a football through the streets.
Call me anarchist if you will,
but I hang my head in shame.

Adiós, unknown priests, landlords
and right-wing politicians. How many
people did you oppress whose names
we'll never know? Despite your vile work,
it doesn't justify your assassination
by anarchists at the Atocha Station,
where the finest workers
and writers of Spain had walked in peace
with all their luggage of hope
for the future of their beautiful country.
Call me an anarchist if you will,
but I hang my head in shame.

Adiós, Manuel Basulto Jiménez, Bishop
of Jaén, beatified for better or worse,
even though you may have hidden
stolen wealth in your cathedral.

And *adiós* to your sister Teresa,
who may have hidden money not hers.

Never mind, whether you were saints
or truly sinners, you didn't deserve
to be taken off the prisoner train
at Santa Catarina Vallecas,
south of Madrid, to be shot
by most self-righteous anarchists.

"I am a poor woman," Teresa shouted
to the militia man. "Don't be in a hurry,"
he said, "a militia woman will shoot you."
Josefa the militia woman shot her.

I am a whiff of this and a whiff of that.
Also, a whiff of an anarchist. Permit me
to hang my head in shame.

* The CNT (National Confederation of Workers)
was a major anarchist organization during the
Spanish Civil War.

En la Estación de Atocha II

Titular de un periódico de la CNT*:
JUSTICIA PARA EL PUEBLO
MISERICORDIA PARA NADIE

Adiós, General López Ochoa,
no importa que trataras de prevenir
un baño de sangre en Asturias.
No importa que prefirieras negociar
en vez de fusilar. Anarquistas
de la estirpe de matones y salvajes
te sacan de un hospital,
y el espléndido Manuel Muñoz de Molino
te fusila en los jardines del hospital.
Los anarquistas te decapitan, clavan
tu cabeza a una estaca y la pasan
por las calles como una pelota de fútbol.
Llámenme anarquista si quieren,
pero agacho la cabeza de vergüenza.

Adiós, curas desconocidos,
terratenientes y políticos derechistas.
¿A cuántas personas oprimiste cuyos nombres
jamás sabremos? A pesar de tu obra vil,
no justifica que los anarquistas
te asesinaran en la estación de Atocha,
donde los mejores obreros
y escritores de España habían caminado en paz
con todo su equipaje de esperanza
para el porvenir de su lindo país.
Llámenme anarquista si quieren,
pero agacho la cabeza de vergüenza.

Adiós, Manuel Basulto Jiménez, obispo
de Jaén, beatificado para bien o para mal,
aunque posiblemente hayas escondido
riquezas robadas en tu catedral.

Y adiós a tu hermana, Teresa, que posiblemente
haya escondido dinero que no le pertenecía.

No importa si fueron santos
o verdaderos pecadores, no merecían
ser bajados del tren de prisioneros
en Santa Catarina Vallecas,
al sur de Madrid, para ser fusilados
por anarquistas que se creían justos.

"Soy una pobre mujer," Teresa le gritó
al miliciano. "No te apures,"
dijo, "una miliciana te va a fusilar."
Josefa la miliciana le disparó.

Soy un poco de esto y de aquello.
También soy un poco anarquista. Permítanme
agachar la cabeza de vergüenza.

* La CNT (Confederación Nacional de Trabajadores)
fue una importante organización anarquista durante la
Guerra Civil Española.

Carretas, Saturday Morning

On a mid-July morning,
Carretas is alive to shoppers
moving like a stream
flowing in both directions,
down to Puerta del Sol, up
to Plaza Jacinto Benavente.

Police cars with their blaring sirens
and ambulances move slowly
through the dense crowds
enjoying the warm sun,
the sky blue like a great slab
of turquoise. How many, I wonder,
even know about that long-ago
July night in Madrid, the crowds
and their banners, gathered
in Puerta del Sol to listen
to Dolores Ibárruri and others
calling for the defense of Spain
against the cruelest of ideologies.

Probably not many, I answer
my own question. Now,
there is a blare of electropunk
in the air, jostling shoppers
everywhere, cafes with steaming
coffee and churros off of Sol.

No excitement of war here.
It is so much better this way.

Carretas, sábado por la mañana

En una mañana a mediados de julio,
la calle Carretas se llena de energía
con compradores moviéndose
como un río que fluye en ambas direcciones,
por abajo hacia la Puerta del Sol,
por arriba a la Plaza Jacinto Benavente.

Coches policíacos con sus estridentes sirenas
y ambulancias se mueven lentamente
entre la muchedumbre
que goza del cálido sol,
el cielo azul como una gran losa
de turquesa. Cuántos, me pregunto
tan siquiera saben algo de esa lejana
noche de julio en Madrid, la muchedumbre
con sus banderas reunida
en la Puerta del Sol para escuchar
a Dolores Ibárruri y a otros
llamando por la defensa de España
contra la más cruel de las ideologías.

Probablemente muy pocos, respondo
a mi propia pregunta. Ahora,
hay un estruendo de electropunk
en el aire, compradores empujándose
por dondequiera, cafeterías con su café
caliente y churros cerca de la Puerta del Sol.

Nada de excitación bélica aquí.
Es muchísimo mejor así.

Another Scene on Carretas

He, of saintly demeanor,
and of the threadbare suit,
props up a sign
on a cardboard box:
"May God bless you
for your generosity."
He truly looks like a saint,
a holy man with a white,
flowing beard, long white hair.
He beams with quiet good will.

She, of a more severe aspect,
has no sign. Like him, she sits
on the sidewalk. Dressed
in black, she is the perfect beata,
praying incessantly to the saints,
to the Virgin Mary, to God himself.
You feel duty bound to give her something.

Things, however, are different today.
She is upset because he
is too close to her. "You shameless
cabrón. Get out of here. *Coño*,
this is not your place.
Who invited you, son
of your whore of a mother?
Drag your bones far from here."

He says nothing. Sits there
with a calm, martyred look,
as if he is praying fervently for her.
With every outburst from her,
a halo glows brighter around him.

Oh, I almost forgot to add:
They were here on Carretas
before the time of Lope de Vega,
and Shakespeare, before
Galdós and Dickens.
They were here before
the Spanish Civil War,
before Franco died,
before the new democracy.

I suspect they will be here
for at least a day or two longer.

Otra escena en Carretas

Él, de semblante de santo,
y traje raído,
pone un letrero
en una caja de cartón:
"Que Dios les bendiga
por su generosidad."
Verdaderamente parece un santo,
un hombre venerable con una barba blanca
ondulante, y cabello largo y blanco.
Rebosa una tranquila buena voluntad.

Ella, de aspecto más severo,
carece de letrero. Como él,
se sienta en la acera. Vestida
de negro, es la beata perfecta,
rezando incesantemente a los santos,
a la Virgen María, al mero Dios.
Te sientes obligado a darle algo.

Las cosas, sin embargo, son diferentes hoy.
Ella se siente enojada porque él
está demasiado cerca de ella. "¡Cabrón,
sinvergüenza. ¡Lárgate de aquí! Coño,
este no es tu puesto.
¿Quién te invitó?, hijo de
tu puta madre.
Arrastra tus huesos lejos de aquí."

Él no dice nada. Se queda sentado
con mirada de mártir sereno, como si estuviera
rezando fervientemente por ella.
Con cada arranque de ira de ella
un halo brilla más a su alrededor.

Ah, casi se me olvidaba añadir:
estaban aquí en Carretas
antes de los tiempos de Lope de Vega
y Shakespeare, antes de
Galdós y Dickens.
Estaban aquí antes de
la Guerra Civil Española,
antes de morir Franco,
antes de la nueva democracia.

Sospecho que estarán aquí
por lo menos unos días más.

Madrid, Early Morning

November 8, 1936

A Madrileño boy awakens
in the gloom of night.
Spain's government,
fearing defeat, flees
to the safety of Valencia.
The boy hears their cars
and trucks grinding
off in the distance.

He hears troops marching
down La Gran Vía. He thinks
Madrid has fallen to Franco,
and his Moors are ready to tear
the city apart. The boy weeps,
but he is wrong.

A giant of many arms and legs
marches through Madrid.
It speaks in many voices,
in languages from everywhere.

Americans
of the Lincoln Brigade,
Frenchmen
of the André Marty Brigade,
Germans
of the Ernst Thaelmann Brigade,
Irish
of the Connolly Column,
and from around the world,
volunteers march
to the Casa de Campo,
to la Ciudad Universitaria,
to the Río Manzanares.

Along the front lines
the Fallen Angel of Death
carries them off, one by one.
The living pick up the rifles
of the dead. They stop Franco.
Madrid does not fall.

Today, foreign tourists
stroll through the campus
of the University of Madrid.
Only few see the memorial
to the International Brigades,
its members honored
as citizens of Spain.

Above the happy crowd,
the Exterminating Angel
waits for darkness.
He circles in long, lazy
loops, waiting for the good times
to end, for Anger and Hatred
to come front and center
once more. He waits
for his time to spill blood again.
He won't wait long.

Already the haters
have defaced the memorial
to the International Brigades.

Madrid, muy de mañana

8 de noviembre, 1936

Un muchacho madrileño se despierta
en la penumbra.
El gobierno español,
temiendo la derrota, huye
a la seguridad de Valencia.
El muchacho oye el rechinar
de los coches y camionetas
allá a lo lejos.

Oye la marcha de tropas
por La Gran Vía. Piensa que
Madrid ha caído ante Franco,
y sus moros dispuestos a destruir
la ciudad. El muchacho llora,
pero está equivocado.

Un gigante de muchos brazos y piernas
desfila por Madrid.
Habla en muchos idiomas,
en lenguas de todo el mundo.

Americanos
de la Brigada Lincoln,
franceses
de la Brigada André Marty,
alemanes
de la Brigada Ernst Thaelmann,
irlandeses
de la Columna Connolly
y de todo el mundo,
los voluntarios marchan
a la Casa de Campo,
a la Ciudad Universitaria,
al Río Manzanares.

Por todo el frente,
el Ángel Caído de la Muerte
se los lleva, uno por uno.
Los vivos levantan los fusiles
de los muertos. Cortan el paso a Franco.
Madrid no cae.

Hoy, los turistas extranjeros
pasean por el campus
de la Universidad de Madrid.
Sólo unos pocos ven el monolito
a las Brigadas Internacionales,
sus integrantes honrados
como ciudadanos de España.

Por encima de la feliz muchedumbre,
el Ángel Exterminador
espera la llegada de la noche.
Gira en largas, lentas espirales,
esperando a que se acaben los festejos,
a que la Ira y el Odio ocupen
el centro del escenario
una vez más. Espera su momento
para derramar sangre otra vez.
No tendrá que esperar mucho.

Ya los que odian
han pintarrajeado el monolito
a las Brigadas Internacionales.

Through the Curving Light

in memory of Robert G. Colodny and Edward Coomes

I spoke to him once, briefly,
on the telephone. He was in Kansas,
I was in Texas. He had fought
in the Spanish Civil War.
I was a young organizer then
for Students for a Democratic Society,
or SDS as we called ourselves,
and very caught up in the romance
of the Abraham Lincoln Brigade.

I never spoke to him again
and learned years later
how he had fought in Spain
on the Aragon front,
how he had been shot
between the eyes at Brunete,
gone to hospital
to die, but he did not die,
sent back to fight at Teruel,
suffered a relapse
but he did not die.

He went on to become
a great historian
of the struggle for Madrid,
of the harm we do
to one another.

I stumble along dragging
the chains of my own history,
but I remember Spain—
that inspiration of a people
who do not give up
carries me through dark days.

Robert G. Colodny
never gave up. He spoke
to my generation about civil rights,
about the struggle that goes on
and on, about never giving up.
He still cheats death.

He died our common death
when his heart stopped beating.

He died a second time,
eulogized, memorialized,
buried amid high tributes.

He has not died the third death,
the death when his name
will never be spoken again.

Robert G. Colodny,
shot between the eyes,
did not die. Half blind,
paralyzed, he did not die.
He recovered in hospital,
went back to fight at Teruel.
He did not die.

Robert G. Colodny,
who did not die,
who could not die,
waves "until next time"
through curving light
in the mirror of time.

Tras la curva de luz

en memoria de Robert G. Colodny y Edward Coomes

Hablé con él una vez, brevemente,
por teléfono. Estaba en Kansas,
yo en Texas. Él había luchado
en la Guerra Civil Española.
Yo era entonces un joven organizador
de los Estudiantes Para Una Sociedad
Democrática, o SDS, como nos llamábamos,
y me sentía muy atraído al romanticismo
de la Brigada Abraham Lincoln.

Nunca volví a hablar con él
y me enteré años después
de que había luchado en España
en el frente de Aragón,
de que le dispararon
entre los ojos en Brunete,
lo llevaron al hospital
para morir, pero no se murió.
Lo mandaron otra vez a combatir en Teruel,
sufrió una recaída,
pero no se murió.

Llegó a ser
un gran historiador
de la lucha por Madrid,
del daño que nos hacemos
unos a otros.

A tropezones ando yo arrastrando
las cadenas de mi propia historia,
pero recuerdo España—
la inspiración de un pueblo
que no se rinde
me anima en mis días alicaídos.

Robert G. Colodny
nunca se rindió. Le habló
a mi generación sobre los derechos civiles,
sobre la lucha que nunca se acaba,
sobre no rendirse nunca.
Él aún burla a la muerte.

Murió como morimos todos,
cuando su corazón dejó de palpitar.

Murió por segunda vez
cuando lo enterraron
con grandes homenajes y elogios.

No ha muerto la tercera muerte,
la muerte de cuando su nombre
jamás se volverá a mencionar.

Robert G. Colodny,
con un tiro entre los ojos
no se murió. Medio ciego,
paralizado, no se murió.
Se recuperó en el hospital,
volvió a luchar en Teruel.
No se murió.

Robert G. Colodny,
que no se murió,
que no se podía morir,
nos saluda, "hasta la próxima"
tras la curva de luz
en el espejo del tiempo.

The Kite of Time*

Ramón Sender
with that cane of his
walked the road to his house
late at night

took out his pen
and began to sing on the page
the chronicle of dawn

as a child he saw his friend
killed by lightning
while flying a kite
as Halley's comet blazed
through the Aragón sky

he saw the cruelty
of the Franco advance
toward Madrid

he saw the cruelty
of Líster and the communist
fanatics trapped
in their little red church

old anarchist Sender held on
to the kite of time
through civil war
through fifty novels

he came to know
the wisdom of whales
who abandoned the land
to our war-making ways

he saw the suicide
of whales as a bad omen
for us who beach ourselves
on the shores of politics

Sender held on
to the kite of time
until it crashed and took
his ashes out to sea

* In Spanish, the word for "kite" and "comet" is the same:
el cometa (the comet); *la cometa* (the kite)

La cometa del tiempo

Ramón Sender
con ese bastón que llevaba
caminó hacia su casa
muy entrada la noche

sacó su pluma
y comenzó a cantar en la página
la crónica del alba

de niño vio un relámpago
matar a su amiguito
cuando éste jugaba con una cometa
mientras el cometa Halley
ardía por el cielo aragonés

vio la crueldad
del avance de Franco
hacia Madrid

vio la crueldad
de Líster y los fanáticos
comunistas atrapados
en su pequeña iglesia roja

anarquista viejo, Sender se agarró
a la cometa del tiempo
en la guerra civil
en cincuenta novelas

llegó a conocer
la sabiduría de las ballenas
que abandonaron la tierra
a nuestro afán guerrero

vio el suicidio
de las ballenas como un mal agüero
para nosotros que nos varamos
en las playas de la política

Sender se agarró
a la cometa del tiempo
hasta que se estrelló y llevó
sus cenizas al mar

Woody at the Jarama Front

There's a valley in Spain called Jarama

Woody was never there.
Never saw the Spanish Civil War.
Six strings played his heart,
and his voice, dry as an Oklahoma dust storm,
sang of drought-stricken justice
in these United States where the poor lived
only to work the land of the rich.

From this valley they say we are going
But don't hasten to bid us adieu

Maybe he had heard of the attack
at the high ground of Pingarrón
where the olive trees cast shadows
over the dead of the Lincoln Brigade.

Did he know of the enemy artillery
at La Marañosa, or the agony
on the fog-covered Jarama bridge
where the Moors slit the throats
of French volunteers? Did someone
tell him the ravens had their fill
swooping down over the dead like Stukas
near the Manzanares and Jarama?
Probably not. But Woody knew
the international brigades
fought as best they could for the poor,
his kind of people. He knew
they had died by the hundreds
in the valley of the Jarama River.

Hovering above the battlefield,
the black-uniformed angels of despair
flapped their ugly wings and fled
at the sound of Woody's voice and guitar.
We will be back, his voice sang.
We will be back, his guitar strummed.

We were men of the Lincoln Battalion
We're proud of the fight that we made

Woody was a Communist, an Okie,
an American, and proud of it,
proud of his Okemah home,
proud of the sod busters he came from.
He never groveled at the feet
of the wealthy, never lied
about who he was. He was ordinary,
like his people, as ordinary
as clean water, warm bread, cold beer.

You will never find peace with these fascists
You will never find friends such as we

Woody looked into the hard-eyed
mean spirits of his own country.
Beyond their narrow eyes,
he saw children born free of prejudice.
He trusted them to not always obey authority.
He trusted them to learn to think for themselves.

All this world is like this valley called Jarama
We'll set this valley free before we're through

There it is. That's a Woody leap
from Dust Bowl to the Jarama
to you sitting at your iPad,

from the Abraham Lincoln Brigade
to you texting on your digital phone
or yakking with friends on Facebook.

"We need you," Woody drawls and strums,
"yes, we'll set this valley free.
And I've got your back," he sings. "Always."

Woody en el Frente del Jarama

En España hay un valle que se llama Jarama

Woody nunca estuvo allí.
Nunca vio la Guerra Civil Española.
Seis cuerdas tocaban su corazón,
y su voz, seca como un ventarrón de Oklahoma,
cantaba de la justicia malherida por la sequía
en los Estados Unidos donde los pobres vivían
nomás para trabajar la tierra de los ricos.

De este valle dicen que nos retiramos
Pero no se apresuren para decirnos 'adiós'

Tal vez había oído del ataque
en los altos de Pingarrón
donde los olivos arrojan sombras
sobre los muertos de la Brigada Lincoln.

¿Sabía de la artillería enemiga
en La Marañosa, o la agonía
en el puente del Jarama cubierto de niebla
donde los moros cortaron las gargantas
de los voluntarios franceses? ¿Le dijo alguien
que los cuervos se saciaron
bajando en picada sobre los muertos como Stukas
cerca del Manzanares y del Jarama?
Probablemente no. Pero Woody sabía
que las brigadas internacionales
lucharon lo mejor que pudieron
por su gente, los pobres. Sabía
que se habían muerto a centenares
en el valle del río Jarama.

Cerniéndose sobre el campo de batalla,
los ángeles de la desesperanza, vestidos de negro,
batieron sus feas alas, y huyeron
al oír la voz de Woody y su guitarra.
Volveremos, cantaba.
Volveremos, tocaba su guitarra.

Éramos hombres de la Brigada Lincoln
Estamos orgullosos de cómo luchamos

Woody era comunista, un Okie,
tenía orgullo de ser norteamericano,
orgullo de su pueblo de Okemah,
orgullo de ser descendiente de granjeros.
Nunca se humilló a los pies
de los ricos, nunca mintió
sobre sus orígenes. Era sencillo,
como su gente, sencillo
como el agua limpia, el pan caliente, la cerveza fría.

Nunca encontrarás la paz con los fascistas la paz
Nunca encontrarás amigos como nosotros

Woody examinó los ojos duros
de los malasangres de su propio país.
Más allá de sus ojos pequeños, vio
que sus hijos podían nacer libres de prejuicio.
Confiaba en que no siempre obedecerían a la autoridad.
Confiaba en que aprenderían a pensar por sí mismos.

Todo el mundo es como este valle que se llama Jarama
Lo liberaremos del fascismo antes de partir

Allí lo tienen. Allí está Woody brincando
desde los ventarrones de Oklahoma al Jarama
hasta dónde estás tú con tu iPad,
desde la Brigada Lincoln
a ti mandando textos en tu móvil
o cotorreando con tus amigos en Facebook.

"Te necesitamos," Woody canta, rasgueando,
"sí, liberaremos este valle.
Y siempre te respaldaré," canta Woody. "Siempre."

Miguel and His Goats

You enjoy sunny days
in the hills above Orihuela.
The goats you watch over
for your father are your friends.
A goat sits quietly for you
as you use his back
for a writing desk.

There are times the goats romp freely
while you read. A penny,
a peseta, a dollar, a euro,
for your thoughts as you read.
You are a good Catholic boy.
Do you wonder about your church
and how it relates to workers?

You know the good worker
is like Jesus of Nazareth.
Works hard. Never complains.
Never envies the rich or desires
their goods. Drives
the moneylenders out of
the temple. You wonder
why the priests
never say much about
driving the moneylenders
out of the temple.

Your church
also says never strike
against your employer,
obey the landowners,
the generals, the bishops.

At what point in your reading,
Miguel, do you stop buying it?
Is your sense of the absurd,
your sense of humor, ignited
by a laughing goat?

Miguel y sus cabras

Te gustan los días soleados
en las colinas de Orihuela.
Las cabras que cuidas
para tu padre son tus amigos.
Una cabra se sienta muy
calladita a tu lado mientras
usas su espalda como escritorio.

A veces las cabras cabras corretean
libremente mientras tú lees.
Un centavo, una peseta, un dólar,
un euro por tus pensamientos
mientras lees. Eres un buen chico
católico. ¿Reflexionas sobre tu iglesia
y como trata a los obreros?

Sabes que el buen obrero
es como Jesús Nazareno.
Trabaja duro. Nunca se queja.
Nunca envidia a los ricos o desea
sus posesiones. Echa
a los prestamistas
del templo. Te preguntas
por qué los curas
nunca dicen mucho
de echar a los prestamistas
del templo.

Tu iglesia
también dice que nunca
hagas huelga contra tu patrón,
que obedezcas a los terratenientes,
a los generales, a los obispos.

¿En qué momento de tu lectura,
Miguel, dejas de tragar esas ideas?
¿Se enciende tu sentido de lo absurdo,
tu sentido del humor,
al ver una cabra reír?

Casa de Campo

Near the River Manzanares,
the Casa de Campo opens
like a bouquet of sunflowers,
daffodils, and tulips.

No bombs fall,
no wounded cry.
You can't smell the acrid
smoke of grenades
on this terrible front
of Madrid. The soldiers
have marched on to oblivion.
I hear their voices
in the songs of birds
up in the trees.

An older woman greets me,
and I happily talk with her.
The sky is a blue smile
with no clouds.

There's no talk of ideology.
It's better this way.

Casa de Campo

Cerca del Río Manzanares
la Casa de Campo se abre
como un ramo de girasoles,
narcisos, y tulipanes.

No caen bombas,
no lloran los heridos.
No se puede oler el áspero
humo de granadas
en este terrible frente
de Madrid. Los soldados
han marchado hacia el olvido.
Oigo sus voces
en el canto de los pájaros
allí arriba en los árboles.

Una mujer madura me saluda
y hablo con ella con mucho gusto.
El cielo es una sonrisa azul
sin nubes.

No hablamos de ideología.
Es mejor así.

It's Better to Be Drunk

bebe y fuma
besa y folla
grita y llora

she sings out loud at six
in the morning the bars
have sent their unsteady armies
into the dawn

drink and smoke

because at any moment
the Angel of War
may spread his wings
once again over the landscape

she knows the good times
in Madrid her boyfriend
beside her stumbling drunk
both of them in the dark

kiss and fuck

good advice almost anywhere
almost anytime even though
there are few good places
the dark alley behind el Corte Inglés
the quiet corner in the museum
the back seat of a car or a nice spot
at the Valle de Los Caídos
but never on Sunday

shout and cry

she means shout and cry
for the sheer pleasure
of not living with bombs
raining down on you
of not living with jails
filled with people
who don't think like you

her mother never talked
about those times but her
crazy aunt whispered
about the paseos
about the death squads
cars in the middle of the night
on the loneliest roads
the headlights shining
on cemetery walls
about the bulldozers
the bodies dumped in ditches

even if you are smug
even if you disapprove
of smoking and shouting
of drinking and fucking

even if you disapprove
of my language here
you have to admit

it's better to be drunk
on Carretas at dawn
than to march down
this street with a gun
with your cause
and murder in your eye

Es mejor estar borracho

bebe y fuma
besa y folla
grita y llora

canta en voz alta a las seis
de la mañana los bares
han mandado sus ejércitos vacilantes
hacia el alba

bebe y fuma

porque en cualquier momento
el Ángel de la Guerra
podría desplegar sus alas
una vez más sobre el paisaje

ella sabe cómo pasarlo bien
en Madrid su novio
a su lado cayéndose borrachos
ambos en la oscuridad

besa y folla

buen consejo casi dondequiera
casi en cualquier momento aunque
haya pocos lugares propicios
el callejón oscuro detrás del Corte Inglés
el rincón tranquilo del museo
el asiento trasero de un coche
o un lugar agradable en el Valle de Los Caídos
pero nunca en domingo

grita y llora

ella quiere decir grita y llora
por el puro placer
de no vivir bajo
una lluvia de bombas
de no vivir con las cárceles
llenas de gente
que no piensa como tú

su madre nunca habló
de esos tiempos pero
su tía loca susurraba
de los paseos
de los escuadrones de la muerte
coches en medio de la noche
en los caminos más aislados
sus faros alumbrando
las paredes de los cementerios
de las excavadoras
los cadáveres arrojados en las zanjas.

aunque seas engreído
aunque desapruebes
de fumar y gritar
de beber y follar

incluso si desapruebas
de mi lenguaje aquí
tienes que reconocer que

es mejor estar borracho
en Carretas al alba
que marchar por esta calle
con una pistola
con tu causa
y pensando en matar

II

A POET | UN POETA

DIES | MUERE

The Last Bullfight

It is fitting Lorca
walked his final road
flanked by Galadí
the banderillero and anarchist
who shamed JEALOUSY
into the shadows

Another banderillero
whose name was Arcollas
stuck his banderillas
into IGNORANCE
and made it shrink
into the shadows

Galindo González
the teacher
spoke of thinking
and made DOGMA
fall back
into the shadows

Cowards sent you
Federico García Lorca
Galindo González
Galadí and Arcollas
to the last fight
with the bulls of death

Every day in Granada
Federico García Lorca
Galindo González
Galadí and Arcollas
nightingales
sing you into the sun

La última corrida de toros

Es justo que Lorca
caminara hacia su final
flanqueado por Galadí
el banderillero y anarquista
que humilló a la ENVIDIA
y la hizo huir hacia las tinieblas

Otro banderillero
cuyo nombre era Arcollas
clavó sus banderillas
en la IGNORANCIA
y la hizo huir
hacia las tinieblas

Galindo González
el maestro
hablaba del pensamiento
y avergonzó al DOGMA
y lo hizo huir
hacia las tinieblas

Unos cobardes los mandaron
a ti Federico García Lorca
a ti Galindo González
a ustedes Galadí y Arcollas
a la última corrida
de los toros de la muerte

Todos los días en Granada
Federico García Lorca
Galindo González
Galadí y Arcollas
el canto de los ruiseñores
los llevan hacia la luz del sol

Party Hack

Party hack. Mr. Big Shot
for a while in your own mind,
Ramón Ruiz Alonso. You loved
to bully the anarchists,
the socialists, the communists,
anyone who could think, who disagreed
with your view from under a rock.

Lorca was your prize catch.
You bragged how you arrested him.
If you could have, you would have
mounted his head in your den.
You went too far. The Generalísimo
was embarrassed by Lorca's death,
so you had to keep your mouth shut
in order to survive in obscurity.

You played follow the leader
and when the Maximum Leader
finally died, you fled
the young democracy of Spain.
Did you fear the wheel had turned
and now it was your turn to suffer?

You went to Las Vegas,
more your style, like a dog
off his chain. You gambled,
won, lost, won, lost. Your life
blinking on, off, on, off,
like a neon sign
on the sleazy side of town.
You disappeared down an alley
into the ugly backwaters
of history, your sad bones
shipped back to Spain.

Politicastro de partido

Político de partido. Pez gordo
por un rato te creíste,
Ramón Ruiz Alonso. Te encantaba
intimidar a los anarquistas,
a los socialistas, a los comunistas,
a cualquiera que pudiera pensar, y discrepar
de tus opiniones de troglodita.

Lorca fue tu premio gordo.
Te jactabas de cómo lo detuviste.
Si hubieras podido, habrías
colgado su cabeza en la pared de tu casa.
Pero se te fue de las manos. El Generalísimo
fue avergonzado por la muerte de Lorca,
así que tuviste que cerrar la boca
para sobrevivir en la oscuridad.

Siempre jugaste a obedecer al jefe
y cuando el Jefe Máximo
al fin se murió, huiste
de la joven democracia española.
¿Temías que la vuelta de tuerca
te haría sufrir ahora a ti?

Te fuiste a Las Vegas,
lugar más de tu estilo, como un perro
ya sin cadena. Apostabas, ganabas,
perdías, ganabas, perdías. Tu vida
parpadeando intermitentemente
como un letrero de neón
en una plaza de mala muerte.
Desapareciste por un callejón
que daba a las atroces aguas estancadas
de la historia, tus tristes huesos
devueltos a España.

Keeping Watch over Lorca

It is reasonable for a Civil Guard,
Eduardo González Aurioles Díaz,
to keep watch over Lorca
while he awaits his execution.

It is reasonable for a Fascist,
Eduardo González Aurioles Díaz,
to think about his distant relative,
Lorca, as the hours slip away
toward eternity. He cries.
Eduardo González Aurioles Díaz
cries as he keeps watch.
At least he has the decency to cry.

He tells a fellow guard how Lorca
saved him from drowning
as a child on a family outing to the sea.
He cries all night long, convulsed,
agitated, deeply unhappy.

It is reasonable for him
to be so unhappy. It is reasonable
for Eduardo González Aurioles Díaz
to stand guard over Lorca.
They look into each other's eyes
and remember those long-ago
happier days of sun and sea.

It is reasonable, of course. He
can do nothing to save Lorca.
Nothing to save the man
who saved him. He cries.
His tears turn crimson
as dawn approaches.
He hears the broken-down Buick
take Lorca away in the dark.

Soon, he knows, his fellow Fascists
will drown Lorca in a bath of blood.
It is reasonable, all reasonable.
Oh lovely triumph of reason,
armed and in a black uniform!

Velando a Lorca

Es razonable que un Guardia Civil,
Eduardo González Aurioles Díaz,
vele a Lorca mientras espera
el paredón.

Es razonable que un fascista,
Eduardo González Aurioles Díaz,
piense en su pariente lejano,
Lorca, mientras que las horas
se desvanecen hacia la eternidad. Llora.
Eduardo González Aurioles Díaz
llora mientras vela a Lorca.
Por lo menos tiene la decencia de llorar.

Le cuenta a otro guardia cómo Lorca
le salvó la vida cuando se ahogaba
de niño en una excursión familiar al mar.
Llora toda la noche, convulsionado,
agitado, hondamente infeliz.

Es razonable
que esté tan triste. Es razonable
que Eduardo González Aurioles Díaz
vele a Lorca.
Se miran a los ojos
y recuerdan esos lejanos días,
más felices de sol y mar.

Es razonable, por supuesto. No puede
hacer nada para salvar a Lorca.
Nada para salvar al hombre
que lo salvó a él. Llora.
Sus ojos se vuelven rojos
con la luz de la madrugada.
Oye el runruneo del viejo Buick
llevarse a Lorca en la oscuridad.

Pronto, lo sabe, sus compañeros fascistas
ahogarán a Lorca en un baño de sangre.
Es razonable. Todo razonable.
¡Oh hermoso triunfo de la razón,
armada y con uniforme negro!

A Man of Little Understanding

You were drunk, always drunk,
Antonio Benavides Benavides.
You called Lorca "*el cabezón*,"
and you shot him twice
"in the big head" to strut
your stuff. Afterward,
did you look into the eyes
of children? Innocent eyes
like Lorca's that stared at you?

Was it painful to pass bookstores
and see Lorca gazing at you
from the windows? Ah,
but it's unlikely you read.
Your buddies in the Guardia
saw you as a drunk, a womanizer,
"a man of little understanding,"
they said. In Málaga you became
a tour guide for visitors.
With a little horse-drawn carriage
you showed them the town.
At night, you went to the brothel.

All the while, a fallen angel
kept watch over your lechery,
over your drunkenness,
over your sad little tourist business,
but only at a distance. The angel
kept away from your body.
You produced no warmth,
no tenderness, no love.

A fallen angel needs fire,
not a cold fish.

Un hombre de poco entendimiento

Estabas borracho, siempre borracho,
Antonio Benavides Benavides.
Apodaste a Lorca "el cabezón,"
y le disparaste dos veces
"en el cabezón" para pavonearte.
Después, ¿mirabas a los niños
a los ojos? ¿Ojos inocentes
como los de Lorca, que te
clavaban la mirada?

¿Te era doloroso pasar por las librerías
y ver a Lorca mirándote
desde los escaparates? Ah,
pero probablemente no leías mucho.
Tus compinches en la Guardia
te veían como un borracho, un mujeriego,
"un hombre de poco entendimiento,"
decían. En Málaga te convertiste
en guía de turistas.
Con un carrito de caballos
los llevabas a ver la ciudad.
Las noches las pasabas en el burdel.

Mientras tanto, un ángel caído
vigilaba tu lujuria,
tu embriaguez,
tu triste negocito turístico,
pero sólo desde la distancia. El ángel
no se acercaba a tu cuerpo.
No producías calor,
ni cariño, ni amor.

Un ángel caído necesita fuego,
y no un pez muerto.

The Corporal

Your mother bears eleven children,
but only five survive in Toledo's
Barrio of the Caves. Nearby,
the owners of a tile factory
offer jobs that pay the low wages
barely able to sustain life.

Mariano Ajenjo Moreno,
you leave home, join the army.
You train yourself to survive,
to earn your daily bread,
to accept your place in life.
You learn to obey the priest,
to obey the Civil Guard,
to obey, to obey, to obey.

You become a stone mask,
pitiless to the world. Obedience
cements your mind and heart.
Your fears, invisible to the world,
haunt you night and day.

You need money, a promotion.
It pays to join the executioners.
You are promoted to corporal.
You are placed in command
of the most famous firing squad
in all Spanish history. But you
don't know that.
Of Lorca, Federico García Lorca, you savor
nothing of his poetry, his theater,
his essays. You are aware
the landowners, your officers,
the party hacks like the cretin
Ramón Ruiz Alonso, hate Lorca.
It's all you need to know.

You can do nothing about being poor,
you think, except survive, obey,
and keep your little dirty job
shooting people. *Es tu deber*,
your duty. You who never wanted
to hurt anyone have become
a cold reptile in order to survive.

No one faults you, Mariano.
Even a fallen angel weeps for you
and the poor who devour themselves.

El cabo

Tu madre da a luz a once hijos
pero solamente cinco sobreviven
en el barrio de Las Cuevas de Toledo.
Cerca de allí, los dueños de una fábrica
de azulejos ofrecen empleos mal pagados,
apenas lo mínimo para salir adelante.

Mariano Ajenjo Moreno,
te vas de tu casa, te alistas en el ejército.
Te entrenas para sobrevivir,
para ganarte el pan de cada día,
para aceptar tu lugar en esta vida.
Aprendes a obedecer al cura,
a obedecer a la Guardia Civil,
a obedecer, obedecer, obedecer.

Te conviertes en máscara de piedra,
despiadado con el mundo. La obediencia
petrifica tu mente y tu corazón.
Tus miedos, invisibles al mundo,
te atormentan día y noche.

Necesitas dinero, un ascenso.
Conviene unirte a los verdugos.
Te ascienden a cabo.
Te dan el mando del pelotón
de fusilamiento más famoso
en toda la historia de España.
Pero tú no lo sabes.
De Lorca, de Federico García Lorca,
no disfrutas nada de su poesía,
ni de su teatro, ni de sus ensayos.
Sabes que los terratenientes, tus oficiales,
los politicastros de partido como el cretino
de Ramón Ruiz Alonso, odian a Lorca.
Es todo lo que necesitas saber.

No puedes evitar ser pobre,
piensas, salvo sobrevivir, obedecer,
y mantener tu sucio puestito
disparando a la gente. Es tu deber,
tu obligación. Tú, que nunca quisiste
hacerle daño a nadie, te has vuelto
un frío reptil para sobrevivir.

Nadie te culpa, Mariano.
Hasta un ángel caído llora por ti
y por los pobres que se devoran a sí mismos.

Churriana

Another poor son of Andalucía,
Salvador Baro Leyva,
you worked the hot fields
of Churriana until you escaped
poverty by leaping into the army.

You killed and killed your way
through ranks of communists,
socialists, and anarchists, until
you achieved your great reward:
a firing squad in Granada
where you killed more poor people
and Federico García Lorca.
If you had known him,
he would have listened closely
to your stories about Churriana.

That was not to be. "Salvaorillo,"
as you were called, you were tall
and thin. So your life, long, thin,
cold, cold, as everyone said,
played out finally in Churriana,
where at least the sun was warm.

Churriana

Otro pobre hijo de Andalucía,
Salvador Baro Leyva,
trabajaste en los campos calurosos
de Churriana hasta que te escapaste
de la pobreza brincando al ejército.

Mataste y mataste abriéndote paso
por las filas de comunistas,
socialistas, y anarquistas, hasta que
lograste tu premio más grande:
un pelotón de fusilamiento en Granada,
donde mataste a más pobre gente
y a Federico García Lorca.
Si lo hubieras conocido,
él habría puesto mucha atención
tus cuentos de Churriana.

Eso no pudo ser. "Salvaorillo,"
como te llamaban, eras alto
y delgado. Y así tu vida, larga,
de poca manta, y fría, fría como todos
decían, al fin terminó en Churriana,
donde por lo menos el sol era cálido.

In the Curved Light

Quiet man, a good shot. You said
the firing squad would drive you crazy.
Yet, you shot Lorca. It was your job.
It was your duty as a good Catholic,
Juan Jiménez Cascales,
as a good, obedient soldier. At least
you didn't like your job. Good shot,
I hope you aimed well at Lorca,
mercifully ending his suffering.

Years later, retired from the army,
you enjoyed target shooting. You won
prizes for your marksmanship,
for your honest aim that did no harm.

When the tourists came to Granada
to shop for Lorca mementos,
did you look away when you passed
a bookstore? Did you avoid
those eyes, Lorca's eyes,
gazing with compassion at you
from the book covers?

I see you in the curved light
of a convex mirror. You recede
from this moment inside me
to a vanishing point
as far away as possible from war,
from the bad times in Granada.

En la luz curvada

Hombre tranquilo, de buena puntería.
Dijiste que el pelotón te volvería loco.
Sin embargo, fusilaste a Lorca. Era tu trabajo.
Era tu deber como buen católico,
Juan Jiménez Cascales,
como un buen soldado obediente. Por lo menos
no te gustaba tu trabajo. Hombre de buena puntería,
espero que le hayas apuntado bien a Lorca,
acabando misericordiosamente su sufrimiento.

Años después, ya jubilado del ejército,
te gustaba el tiro al blanco. Ganaste
premios por tu buena puntería,
por tu puntería honesta que no dañaba a nadie.

Cuando llegaban los turistas a Granada
para comprar recuerdos de Lorca,
¿desviabas la mirada al pasar por delante de
de una librería? ¿Evitabas
esos ojos, los ojos de Lorca,
mirándote con compasión
desde las cubiertas de los libros?

Te veo en la luz curvada
de un espejo convexo. Te alejas
desde este momento interior mío
hasta un punto de fuga
lo más lejos posible de las guerras,
de los malos ratos en Granada.

It Doesn't Matter, Fernando

Serious, quiet, professional,
it is good to know you were
an expert shot. Good to know
you fired your Mauser on target.

Lorca sped away in an instant
from vengeful relatives,
from cretin politicians and generals,
from his know-nothing torturers,
from the darkness, the frozen night
that descended on Spain.

All this is far back now
in my mirror of time
as I walk the streets of Granada.

Fernando Correa Carrasco,
you deserve better than to kill
the poor and the poets.
You deserve better than to die
in Málaga, to be anonymous
in a charnel house. No family
claims your bones.
It doesn't matter, Fernando.

Lorca would understand.

No importa, Fernando

Serio, tranquilo, profesional,
qué bien saber que eras
un experto tirador. Qué bien saber
que disparaste tu Mauser al blanco.

Lorca se escapó en un instante
de parientes vengativos,
de políticos y generales cretinos,
de sus torturadores ignorantes,
de la oscuridad, la noche helada
que cayó sobre España.

Ahora todo esto está muy lejos
en mi espejo del tiempo
mientras camino por las calles de Granada.

Fernando Correa Carrasco,
mereces algo mejor que matar
a pobres y a poetas.
Mereces algo mejor que morir
en Málaga, tus restos
anónimos en un osario.
Ninguna familia reclama tus huesos.
No importa, Fernando.

Lorca lo entendería.

A Clever Fellow

you are the one who got away
clever fellow you escaped
from history like a grain of sand
in a dust storm
you vanished in a convex mirror

Antonio Hernández Martín
your name somehow survives
because you shot a poet because you shot
Federico García Lorca

you were a good old boy
you drank and played cards
with the guys down at
the Café Americano in Madrid
on the Gran Vía

you had lots of friends
yet, no one knows
where you died
when you died
where you are buried
no one knows
who loved you

only your name survives
because you shot a poet
because you shot
Federico García Lorca

Un tipo listo

tú eres el que se escapó
tipo listo te escapaste
de la historia como un grano de arena
en una tempestad de polvo
te desvaneciste en un espejo convexo

Antonio Hernández Martín
tu nombre de alguna manera sobrevive
porque fusilaste a un poeta porque fusilaste a
Federico García Lorca

eras un buen camarada
tomabas y jugabas a las cartas
con los compañeros en el
Café Americano en Madrid
en la Gran Vía

tenías muchos amigos
sin embargo, nadie sabe
dónde te moriste
cuándo te moriste
dónde estás enterrado
nadie sabe
quién te amaba

nomás tu nombre sobrevive
porque fusilaste a un poeta
porque fusilaste a
Federico García Lorca

Black Dog, Homeless Man

Near the Royal Chapel, Granada,
on the street called Cárcel Baja,
a homeless man beds down
next to the cathedral wall
in the middle of the winter day.

It is warmer than at night.
A black lab mutt, his only companion,
protects his feet with a dog's love,
perhaps the only love he will know.
The homeless man sleeps like a king
under an old and tattered blanket.

Close by, on the other side of the cathedral wall,
Fernando and Isabella—two great imperialists—sleep
and dream of their long-dead empire.
The homeless man, uncomfortable, accompanies them.
It has always been this way.

At least the wall has uses
other than guarding the bones
of colonialists from the past.

Spain, 1936, you say. No,
this is not a scene
from the Spanish Civil War.
This is Granada, winter 2013.
Some wars go on and on.

The black dog knows.

El perro negro y el indigente

Al lado de la Capilla Real de Granada,
en la calle llamada Cárcel Baja,
un indigente se acuesta
arrimado al muro de la catedral
a mediados de un día de invierno.

Hace más calor que de noche.
Un chucho negro, su único compañero,
le protege los pies con amor de perro,
quizás el único amor que conocerá.
El indigente duerme como un rey
bajo una cobija vieja y raída.

Muy cerca, al otro lado del muro de la catedral,
Fernando e Isabel—dos grandes imperialistas—duermen
y sueñan con su imperio perdido hace ya mucho tiempo.
El indigente, incómodo, los acompaña.
Siempre ha sido así.

Al menos el muro tiene otros usos
aparte de guardar los huesos
de los colonialistas del pasado.

España, 1936, dices. No,
esta no es una escena
de la Guerra Civil Española.
Esto es Granada, invierno, 2013.
Algunas guerras siguen y siguen.

El perro negro lo sabe.

III

TIDAL RIVERS | RÍAS DE
OF LIGHT AND | LUZ Y
MEMORY | DEL RECUERDO

The Exterminating Angel of Comillas

The Exterminating Angel hovers above
Comillas, looking out to the Atlantic
from the Cantabrian coast.
What a beautiful site for such a fierce angel!
Josep Llimona, modernist that he was,
sculpted the angel above a cemetery
that lay on the ruins of an ancient church.

Hard to believe the Book of the Apocalypse
calls this angel the "Angel of the Bottomless Pit."
It is said that he will reign over plagues of locusts
who will devour those who do not bear
"the stamp of God on their forehead."
Well, the locusts are already here.

But this angel deserves better. He is peaceful,
almost abandoned in this small village
by the Atlantic coast. Pigeons
show him no respect. He is covered
with their disdainful droppings.
He deserves better. His other name,
Guardian Angel, makes him more at home
here, as he keeps watch over the fallen
walls and imploded dreams of an old church,
the architecture of vacant-eyed skulls
and empty bones of blinding white.

El Ángel Exterminador de Comillas

El Ángel Exterminador aletea sobre
Comillas, mirando hacia el Atlántico
desde la costa de Cantabria.
¡Es un sitio demasiado hermoso para un ángel tan feroz!
Josep Llimona, modernista que era,
esculpió el ángel sobre un camposanto
asentado sobre las ruinas de un templo antiguo.

Es difícil creer que el Libro del Apocalipsis
llama a este ángel el "Ángel del Abismo sin Fondo."
Se dice que reinará sobre las plagas de langostas que
devorarán a aquellos que carecen
del "sello de Dios en la frente."
Pues, las langostas ya están aquí.

Mas este ángel merece algo mejor. Es tranquilo,
y está casi abandonado en este pequeño pueblo
en la costa atlántica. Ni las palomas
le tienen respeto. Lo han cubierto
con sus despectivos excrementos.
Merece algo mejor. Su otro nombre,
el Ángel Guardián, justifica su ubicación
aquí, pues vigila los muros caídos y los sueños
desmoronados de una antigua iglesia,
la arquitectura de calaveras con ojos vacuos
y huesos vacíos de una blancura deslumbrante.

Brilliant Like This Day

I look through the shattered arches
blasted by time and by mortars.
Beyond are the open fields and hills
leading to the Pyrenees.

Off in the distance, a truck rumbles
down a narrow road. Señor Marcelo
Martín is on his way to Zaragoza.

Children are playing in a school nearby.
Only these ruins say it wasn't always
brilliant like this day, here in Belchite.

As the sun arches high overhead,
a memory curves out of the mirror of time,
a vision of that most recent Spanish Civil War.

I will leave out the screams,
the fallen soldiers, all the butchered.

Clouds of the fluffy, friendly kind
veil the sun for a moment or two,
long enough for that memory
to mercifully vanish into the past.

Brillante como este día

Me asomo tras los derribados arcos
destruidos por el tiempo y los morteros.
Más allá están los campos abiertos
y las colinas que llevan a los Pirineos.

A lo lejos, un camión runrunea
por un camino estrecho. El señor Marcelo
Marcelo Martín maneja hacia Zaragoza.

Unos niños juegan en una escuela cercana.
Sólo estas ruinas dicen que el panorama no siempre
fue brillante como este día, aquí en Belchite.

Mientras el sol se arquea en lo alto,
una memoria emerge del curvado espejo del tiempo,
una visión de la más reciente Guerra Civil Española.

Dejaré fuera los gritos,
los soldados caídos, todos los masacrados.

Unas nubes, de esas esponjosas y simpáticas,
velan el sol por un momento o dos,
el tiempo suficiente para que ese recuerdo
se desvanezca misericordiosamente en el pasado.

Hostal Iturrienea on
Santa María Kalea, Bilbao

Pilar owns the hostal. She says
she learned hotel management in Paris.
She is very Basque, very friendly.
"Have you been to Gernika?"
I ask, not innocently. She knows.
She looks at me, through me,
frowns, then smiles kindly.

"My grandparents, three aunts, two uncles,
my dad, all one family, went to the market
in Gernika on that day." She turns
into a small bird with fallen wings.
"Except for my father," she says,
"they were all killed." Sad smile.

I walk down Santa María Kalea,
through the Casco Viejo of Bilbao.
Everywhere bars and restaurants,
and tourists mingling with the locals.

Up in the hills above Bilbao
you can still see the cement bunkers,
the fortifications. They stand
like old memories of the civil war,
the screaming horse of Picasso,
the tears of Gernika not far away.

Later, at the hostal, Pilar serves
txakinarto, Basque corn bread
with a good red wine.
She is a warm and kindly hostess.

Above the mantel, the mirror
fogs over as if the condensation
of moisture on its cold surface
would soften the remembered
harshness of the past.

Hostal Iturrienea en
la Kalea Santa María de Bilbao

Pilar es la dueña del hostal.
Dice que aprendió hostelería en Paris.
Es muy vasca, muy amable.
"¿Has visitado Gernika?"
pregunto, no inocentemente. Ella bien lo sabe.
Me traspasa con su mirada,
frunce el ceño, luego sonríe bondadosamente.

"Mis abuelos, tres tías, dos tíos,
mi padre, toda una familia, fueron
al mercado de Gernika ese día."
Se tranforma en un pajarito alicaído.
"Excepto mi padre," dice,"todos fueron
asesinados." Sonríe tristemente.

Camino por la Kalea Santa María,
por el Casco Viejo de Bilbao.
Por dondequiera hay bares y restaurantes,
y turistas mezclándose con la gente local.

En las lomas de Bilbao
se ven todavía los búnkeres de cemento,
las fortalezas. Permanecen allí
como viejos recuerdos de la guerra civil,
del caballo relinchando de Picasso,
de las lágrimas de Gernika, no muy lejos.

Después, en el hostal, Pilar sirve
txakinarto, pan vasco de maíz,
con un buen vino tinto.
Es una anfitriona cálida y amable.

Sobre la chimenea, el espejo

se empaña como si el vapor
en su superficie fría
pudiera ablandar los recuerdos
ásperos del pasado.

Orchestral Piece for
von Richtofen and Picasso

Wolfram Freiherr von Richtofen,
you swoop down on Gernika
with your Junkers and Heinkels,
the Fiats and Savoia-Marchettis,
with all that orchestra of death,
to blow up chickens, babies,
horses, grandmothers, dogs,
girls, cats, boys, young lovers.

Discordant notes rise and fall,
injured and killed,
allegro ma non troppo,
with machine guns accompanied
by the sobs of the dying.

You are the mad conductor
of the tone-deaf Condor Legion.
Your instruments are out of tune,
your orchestral piece composed
by a murderous clown in Berlin.

Through his arrow-tipped eyes,
Pablo Picasso sees Gernika
in a hard-edged light. He catches
the mother with her dead baby,
the stricken horse, the chaos,
the shock, the shattered bodies.
He captures you, Wolfram Freiherr,
the dark tide you launch over
the Eastern Front, the Crimea, Italy.

With their armies splayed
like the arms of a broken cross,
your masters retreat across Europe.
Headaches rain down on you,
fortissimo, like the bombs
at Gernika. A tumor explodes
inside your brain and shrieks
like a terrified wounded horse.

Pianissimo, your body's molecules
recycle, skim through the heavens.

Even the fallen angels hope
our luck will change next time around.

Pieza orquestal para
von Richtofen y Picasso

Wolfram Freiherr von Richtofen,
desciendes sobre Gernika
con tus Junkers y Heinkels,
con tus Fiats y Savoia-Marchettis,
con toda esa orquesta de muerte,
para volar gallinas, bebés,
caballos, abuelas, perros,
chicas, gatos, muchachos, jóvenes amantes.

Notas discordantes suben y bajan,
herudis y muertos,
allegro ma non troppo,
de las ametralladoras al compás
de los llantos y gritos
de los heridos y moribundos.

Tú eres el conductor loco
de la Legión Cóndor sin oído musical.
Tus instrumentos están desafinados,
tu pieza orquestal compuesta
por un payaso asesino de Berlín.

Mirando por sus ojos de flecha,
Pablo Picasso ve Gernika
en una luz dura y directa. Capta
a la madre con su hijo muerto,
al caballo delirante, el caos,
el shock, los cuerpos destrozados.
Te capta a ti, Wolfram Freiherr,
y el oleaje oscuro que lanzas
sobre el Frente del Este, Crimea, Italia.

Con sus ejércitos dislocados
como los brazos de una cruz rota,
tus dueños se retiran de toda Europa.
Dolores de cabeza te asaltan,
fortissimo, como las bombas
en Gernika. Un tumor explota
en tu cerebro y grita
como un aterrorizado caballo herido.

Pianissimo, las moléculas de tu cuerpo
se reciclan y fluyen por los cielos.

Hasta los ángeles caídos esperan
que nuestra suerte cambie la próxima vez.

Our Lady of the Pillar

Marcelo fixes his gaze on me,
his penetrating eyes like two arrows.
He and Emeren take me to the Basilica
of Zaragoza. There we see
Our Lady of the Pillar on her altar
where two bombs from that war
keep watch over her,
two bombs that did not explode.

And I think about the countless dead
of that civil war. Some of them
pass through my reflections.
It's difficult to repress the sadness
taking over my very being.

It's better that the two bombs
do not explode, and that the third
one rests quietly at the bottom
of the Ebro. While I sweat
with these thoughts,
a busybody comes up to us,
he sees that I am a non-believer
and says to me in a high-pitched voice,
"Many say they don't believe,
but at the moment of death
they ask for the priest."
He looks at me, satisfied
with his admonition.

With his eyes like two steel arrows,
Marcelo nails him to the wall.
"Yes," he says. "And there are those
who ask for the nun." Stunned,
the unfortunate man leaves us.

We exit the Basílica,
and out on the street
bombs of laughter break out
between us. There is sun,
joy, warm bread, and good wine
in Zaragoza. You can hear
the blast of a ship's horn
on the Ebro, and a fresh wind
also comes from the river.

La Virgen del Pilar

Marcelo me mira fijamente,
sus ojos penetrantes como dos flechas.
Él y Emeren me llevan a la Basílica
de Zaragoza. Allí vemos
a la Virgen del Pilar en su altar
donde dos bombas de esa guerra
la vigilan,
dos bombas que no estallaron.

Y pienso en los innumerables muertos
de esa guerra civil. Algunos
pasan por mis reflexiones.
Me cuesta mucho reprimir la tristeza
que se apodera de mi mero ser.

Es mejor que las dos bombas
no estallen, y que la tercera
se quede tranquila, enterrada en el fondo
del Ebro. Mientras sufro
con estos pensamientos,
un entrometido se nos acerca,
ve que no soy creyente
y me dice en voz estridente:
"Muchos dicen que no creen,
pero en el momento de la muerte
piden al cura."
Me mira, satisfecho
de su admonición.

Con sus ojos como dos flechas de acero,
Marcelo lo clava a la pared.
"Sí," dice. "Y los hay que
piden a la monja." El desgraciado
nos mira atónito y se aleja.

Salimos de la basílica
y ya en la calle
estallan entre nosotros
bombas de risa. Hay sol,
alegría, pan caliente y buen vino
en Zaragoza. Se oye
el bocinazo de un barco
en el Ebro, y también nos llega
un viento fresco del río.

From Càlig to Benicarló

In Càlig
trabajo, sol, y polvo,
dust, sun, and work

Amalia of Càlig
sings of long ago,
of the three women
of Tortosa
who outsmarted
and killed a would-be
rapist, long ago

Amalia sings
of long ago, before TV,
before radio,
un altre, un altre,
one more story,
one more from long ago

About *al fumeral del foc,*
the fire chimney
down which the angels came
to destroy, to destroy,
they flew away
to drop their bombs
on Benicarló

Now the tourists
go back and forth
from Càlig to Benicarló,
and old Amalia
sings no more

Her children watch TV
and talk on cell phones
about their dates and care
nothing of long ago

De Càlig a Benicarló

En Càlig
trabajo, sol, y polvo
polvo, sol, y trabajo

Amalia de Càlig
canta del pasado lejano,
de las tres mujeres
de Tortosa
que burlaron y mataron
a un aspirante a violador,
hace mucho tiempo

Amalia canta
de esos tiempos lejanos
antes de la tele, de la radio,
un altre, un altre,
un cuento más
de hace tanto tiempo

Del fumeral de foc
la chimenea de fuego
por donde los ángeles bajaron
para destruir, destruir
salieron volando
para lanzar sus bombas
sobre Benicarló

Ahora los turistas
van y vienen
de Càlig a Benicarló
y la vieja Amalia
ya no canta

Sus hijos miran la tele
y hablan por celular
de sus citas sin importarles
nada de lo de hace tanto tiempo

Isidro

I hope your childhood
was filled with the Tarragona
sun and the impossibly
blue sky, the winding streets
and steep hills of La Riba.

You came from a well-to-do
family, your father a factory
owner, your friends
the children of his workers.
Once, while playing, you hit
one of those boys. Your father
slapped you for this act.
From an early age, did you
equate pain with equality?

No doubt your nose was buried
in books. So sad when all
around you, the wide book
of the world opened to the land
and people of Spain. I know
there is a comfort in books.
For some, like me,
life and books intertwine,
take the reader to the stars
and back to the soil, the sea.

Yet there is the downside.
A book has covers, a table
of its offerings, a beginning,
pages to savor and turn,
page after page, until
you reach a convenient end.
A book is so agreeable,
a place where all the loose ends

are primly tied together.
So unlike life where ambiguity,
uncertainty, cloud
the whole damn thing.

By the time you studied
in the seminaries
at Montblanch and Tarragona,
it was probably too late.

By then the deadly snake of abstraction
wound coil after coil around you
so all you could travel were
the arid plains of theology,
the dour fields of Canon Law,
the vertical path of authority
laid out in book after book.

While all around you
the world you understood
grew old, a new one vaulted up
in visionary anarchism
where the men and women
who dream of fighting for and winning
what was rightfully theirs
danced with joy in the streets
until dawn. As the sun rose
over Madrid, Barcelona, Tarragona,
there was laughter, carousing
as the bars closed. No doubt,
you did not approve.

Half the people of Spain
galloped away from you,
but you grabbed the reins
firmly, held on to the other half,
and filled them with fear.
Like horses, their heads tossed

neighing in the churches, their large eyes
searching the altars for meaning
from authority on high,
from that steep pyramid
with a cross somewhere
beyond the clouds, beyond mere
human understanding.

I admit I cannot make the leap
from that child at play in La Riba
to what you became:
the looming, gloomy
Cardinal Primate of Spain,
Don Isidro Gomá y Tomás.

What happened to the joyful
Isidro who ran up and down
the streets of La Riba?
Did you play marbles
with the other children?
Were you good at soccer?
What happened to Isidro,
the child? Your studies took you
to the realm where ideas
had more bite than steel teeth,
more value than the earth
that nurtured you or the breeze
from the Tarragona coast.

For you, there were only
"Catholics" and "Communists,"
as Manichean a view as that
of any potentate out of Persia
trying to understand the world.

Did you really believe Franco's
rebellion was "providential?"
Yes, of course you did.

When you wrote for all the world
to see "The Collective Letter,"
signed by the bishops of Spain,
you said the uprising
was an "armed plebiscite,"
words worthy of our latter-day
Taliban or gun-toting evangelists
roaming the back roads
of America. Of course, you said
nothing about Gernika, except
to advise the people of Bilbao
to surrender in order to avoid
the same fate of Nazi destruction.

Oh, if you could help me,
Cardinal Primate Isidro Gomá,
to make the leap from that child
playing in La Riba to the
ice cold manipulator of pious
abstractions. Did you not see,
or care, that your angels
had swastikas on their wings?
Did you not see the bombs
under their black shadows?
They were fallen angels, Isidro.
They meant you harm.

The time finally came for you to face
that emperor of all illnesses,
that malady that would make
a torment of your last days,
the one who, in the end, whisks us all away.

As you moved in and out
of the convex mirror of your mind,
I hope your last days were free from
pain, from useless regret.
I hope you relived the days

of your childhood, that you went
leaping into the void, laughing,
with a song from La Riba
on your lips.

Isidro

Espero que tu infancia haya estado
llena de ese sol de Tarragona
y su cielo de un azul imposible,
de las calles sinuosas
y las lomas empinadas de La Riba.

Eras de una familia
adinerada, tu padre dueño
de una fábrica, tus amiguitos
los hijos de sus obreros.
Una vez, mientras jugaban, le pegaste
a uno de esos niños. Tu padre
te dio una bofetada por eso.
¿Desde una edad temprana,
identificaste el dolor con la igualdad?

Sin duda, eras un ratón de biblioteca.
Qué triste cuando todo
a tu alrededor, el gran libro
del mundo se abría a las tierras
y gentes de España.
Sé que los libros reconfortan.
Para algunos, como yo,
la vida y los libros se entrelazan,
llevan al lector a las estrellas
y luego lo devuelven a la tierra, al mar.

Sin embargo, hay una desventaja.
Un libro tiene cubiertas, un índice
de lo que se ofrece, un principio,
páginas para saborear y pasar,
página tras página, hasta que
llegas a un final conveniente.
Un libro es tan agradable,
un lugar donde todos los cabos sueltos

se atan primorosamente.
Tan distinto a la vida donde
la ambigüedad, la incertidumbre,
nublan todo el maldito asunto.

Para cuando estudiaste
en los seminarios
de Montblanc y Tarragona,
probablemente ya era demasiado tarde.

Para entonces, la serpiente fatal de la abstracción
te había constreñido anillo tras anillo
hasta que ya sólo podías viajar
por los llanos áridos de la teología,
por los campos agrios del Derecho Canónico,
por la vereda vertical de la autoridad
expuesta en libro tras libro.

Mientras a tu alrededor
el mundo que tú entendías
envejecía, apareció uno nuevo
envuelto en un anarquismo visionario
donde los hombres y mujeres
que soñaban con luchar y ganar
lo que era legítimamente suyo
bailaban alegremente en las calles
hasta el alba. Al salir el sol
sobre Madrid, Barcelona, y Tarragona,
había risas y jaranas
mientras cerraban las tabernas. Sin duda,
tú no lo aprobabas.

La mitad del pueblo español
se escapó de ti a galope,
pero tú agarraste las riendas
con mano firme, y controlaste
la otra mitad llenándola de miedo.
Como caballos, erguían la cabeza

relinchando en las iglesias, sus grandes ojos
buscando en los altares la razón
de las cosas según la autoridad
celestial, desde la alta pirámide
con una cruz en algún lugar más allá
de las nubes, más allá del pobre
entendimiento humano.

Reconozco que no puedo dar el salto
desde aquel niño jugando en La Riba
a lo que te convertiste:
el amenazador y sombrío
Cardenal Primado de España,
Don Isidro Gomá y Tomás.

¿Qué pasó con el Isidro alegre
que corría de arriba para abajo
por las calles de La Riba?
¿Jugabas a las canicas
con los otros niños?
¿Jugabas bien al fútbol?
¿Qué le pasó al Isidro niño?
Tus estudios te llevaron
al reino donde las ideas
mordían con más fuerza que
unos dientes de hierro. Más valor
que la tierra que te alimentó, o la brisa
de la costa tarraconense.

Para ti, nomás había "católicos"
y "comunistas." Punto de vista
tan maniqueo como el de cualquier
monarca persa tratando
de entender el mundo.

¿De veras creías que la rebelión
de Franco era "providencial?"
Claro que lo creías. Cuando escribiste
para que todo el mundo lo viera,

"La Carta Colectiva," firmada
por los obispos de España,
dijiste que el levantamiento
fue un "plebiscito armado,"
palabras dignas de los Talibanes
de hoy en día, o de los bien armados
evangelistas vagando por los caminos
secundarios de América. Por supuesto
de Gernika no dijiste nada, salvo
para aconsejarle al pueblo de Bilbao
que se rindiera para evitar
la misma destrucción fatal de los Nazis.

Oh, si me pudieras ayudar,
Cardenal Primado Isidro Gomá,
a dar el salto desde ese niño
que jugaba en La Riba hasta
el frío manipulador de abstracciones
piadosas. ¿No veías,
ni te importaba, que tus ángeles
tenían esvásticas en las alas?
¿No veías las bombas
debajo de sus sombras negras?
Eran ángeles caídos, Isidro.
Querían hacerte daño.

Al fin llegó el momento de ver
cara a cara a ese emperador
de todas las dolencias, ese mal
que te atormentaría en tus últimos días,
el que al fin y al cabo a todos nos lleva.

Mientras entrabas y salías
del espejo convexo de tu mente,
espero que tus últimos días hayan sido
libres de dolor, de remordimientos inútiles.
Espero que hayas revividolos días

de tu infancia y que hayas
brincado al vacío, riéndote,
con una canción de La Riba
en tus labios.

It Happened in Barcelona

I

So here I am in Barcelona. I wander
through streets where Durruti walked.
I find the CNT* bookstore, buy books,
and then take the cable car up to Montjuich,
where I think he is buried, but I find nothing.
So many graves from that long-ago war.
The wind knows where Durruti is,
but its sad, distant song is hard to understand.

Now on a crowded bus to Parc Güell,
a young woman in red and black stands next to me.
She gently bumps into me and we begin to talk.
"You are an American, right?" she asks.
"Yes," I respond. "And what are you doing here?" she inquires.
"I'm looking for Durruti's grave," I say.
"I couldn't find it on Montjuich."
Tears come to her eyes. "My grandfather knew him.
He remembered sitting on Durruti's knee
when he was a child," she relates.
"No one seems to care about that time anymore," I lament.
"*No les interesa*," she says with a bittersweet smile,
like someone who has just lost a civil war.

The bus stops, and she disappears like a page
in a history book no one reads anymore.

I never found Durruti's grave, but it doesn't matter.
Like Zapata and Guevara, he
is one of the *duendes* of revolution.

Buenaventura Durruti advances with his
anarchists to the Aragón front. Red and black
banners crowd the Plaza Catalunya.
But suddenly, with his column of steel,
he dashes off toward the Madrid front.
He is mysteriously shot dead.
A few Spaniards still remember, still mourn.

Spaniards are hard workers, like us.
They suffer a great deal, as we do.
They are poor people who drink their wine
when there is some, and water
when there isn't, as Machado says.

I demonstrate with the CNT
and the *Indignados*† in Madrid,
in the Puerta del Sol.
Suddenly the Durruti column
arrives to support us.

Americans are angry at Wall Street,
and Durruti is there with them. He offers
bread and roses to those who have neither.
I join picket lines in front of hospitals
where the poor receive the worst care.
Durruti whispers, "*Venceremos.*"
Wherever the poor get screwed,
Durruti is there with his red-and-black flag.

III

One day, we will no longer listen
to politicians who tell us to be humble.
We are tired of the abuse, the daily wars
raging at Central and Coors, Broadway
and Lomas, the southeast heights,
downtown Albuquerque, Iraq,
Afghanistan, Ciudad Juárez, Main Street,
L.A., Madrid, Barcelona, Valencia.

Durruti waves the red-and-black flag
over the poor. Red for the people
who get screwed every day. Black
for the death-dealing nation state.

One day, exhausted, we stop being humble.
Then, in the deepest dark of a long night,
the *duende* of revolution begins
his red-black red-black dance
as the sun rises on the first day of creation.

* National Confederation of Labor
† The "15-M Movement," also known as *Los Indignados*
(the Angry Ones), is the Spanish anti-austerity movement
that started with multiple demonstrations beginning on
May 15, 2011.

Ocurrió en Barcelona

I

Pues aquí estoy en Barcelona. Vago
por las calles donde caminaba Durruti.
Encuentro la librería de la CNT,* compro libros,
y luego me subo al funicular que va a Montjuich,
donde creo que está enterrado, pero no encuentro nada.
Tantas tumbas de esa guerra tan remota.
El viento sabe dónde está Durruti,
pero es difícil entender su triste y lejana canción.

Rumbo ahora al Parc Güell en un tranvía atestado,
una joven mujer vestida de rojo y negro está a mi lado.
Choca ligeramente conmigo y comenzamos a hablar.
"Eres americano, ¿verdad?" pregunta.
"Sí, respondo." "¿Y qué estás haciendo aquí?" indaga ella.
"Busco la tumba de Durruti," digo.
"No la encontré en Montjuich."
Sus ojos se llenan de lágrimas. "Mi abuelo lo conocía.
Se acordaba de sentarse en las rodillas
de Durruti cuando era niño," relata.
"Parece que a nadie le importa ya esa época," me lamento.
"No les interesa," dice, con una sonrisa agridulce,
como alguien que acaba de perder una guerra civil.

El tranvía se detiene y la joven desaparece como una página
de un libro de historia que ya nadie lee.

Nunca encontré la tumba de Durruti, pero no importa.
Como Zapata y Guevara, él
es uno de los duendes de la revolución.

Buenaventura Durruti avanza con sus anaquistas
al frente de Aragón. La Plaza de
Catalunya se llena de banderas rojas y negras.
Pero de repente, con su columna de acero,
se apresura hacia el frente de Madrid.
Misteriosamente muere de un tiro. Algunos
españoles todavía lo recuerdan, todavía lo lamentan.

Los españoles trabajan duro, como nosotros.
Sufren mucho, como nosotros.
Es gente pobre que bebe vino
cuando hay vino, y agua
cuando no hay, como dice Machado.

Me manifiesto con la CNT
y los Indignados[†] en Madrid
en la Puerta del Sol.
De repente la columna de Durruti
llega a apoyarnos.

Los americanos están enojados con Wall Street
y allí está Durruti con ellos. Ofrece
pan y rosas a los que no tienen.
Me arrimo a los piquetes delante de los hospitales
donde los pobres reciben el peor cuidado.
Durruti susurra, "venceremos."
En cualquier lugar donde joden a los pobres,
allí está Durruti con su bandera roja y negra.

III

Un día ya no prestaremos atención
a los políticos que nos dicen que seamos humildes.
Estamos cansados del abuso, de las guerras diarias
en las avenidas Central y Coors, Broadway
y Lomas, los *southeast heights,*
el Centro de Albuquerque, Iraq,
Afganistán, Ciudad Juárez, *Main Street,*
L.A., Madrid, Barcelona, Valencia.

Durruti alza la bandera roja y negra
sobre los pobres. Rojo para la gente
que se jode todos los días. Negro para
el estado nación que propaga la muerte.

Un día, ya agotados, dejamos de ser humildes.
Entonces, en lo más oscuro de una larga noche,
el duende de la revolución comienza
su baile rojo negro rojo negro
mientras el sol alumbra el primer día de la creación.

* Confederación Nacional de Trabajo
† Los Indignados, conocido también como "15-M," es el
movimiento que comenzó el 15 de mayo de 2011, con las
múltiples manifestaciones en contra de los programas de
austeridad del gobierno español.

Travelers to Collioure

Countless centuries of bodies entwined
in beds, caves, straw-filled carts, in the back
pews of churches, under tables, anywhere a
moment of privacy may be stolen
from the tedious march of moment after
moment from cradle to grave, at last bring
these four family members together here,
in Barcelona. Now they have to drive
the cold mountains of northern Spain, the road
to Girona, where the old man and his
mother can rest in a confusion of
suitcases, sacks, bundles, unwashed bodies,
for one night. But there is no safety here
in Girona, so they drive on to the north,
through Catalonia, on the climbing,
tortured road that leads to the French border.

I I

Impossible to describe the cries of anguished
voices, frightened children, crazed dogs
lost in this swarm of terror and fatigue.
The car, almost out of gasoline, stops, and a
soldier steps up and says, "I am honored
to pump the gas for Spain's greatest poet."

III

Everyone waves goodbye, and with eyes filled
with tears they drive off into the dark, join
the writhing segments of a long insect
made up of cars, trucks, carts, wails, and laments.
Blinding headlights obscure the black wings of
fallen angels hovering overhead,
over the passes through the Pyrenees,
while rain falls with a dark intent that turns
the road to mud, to slime, to despair. When
the car dies, the old man, his mother, his
sister-in-law and brother, stagger a
few last steps across the border into France.
A friend in Cerbère finds a small room
for the poet and his family to rest,
to dream before they struggle on
to the town of Collioure. Once they arrive,
a small stream and the main road lead away
from iron rails and the screaming train whistle.

IV

Toward the Hotel Bougnol Quintana,
in Collioure, the family shuffles on,
barely alive, every breath a farewell
to the world. Not far is the sea and fish
who have no need of luggage and clothes.
Now the poet and his mother fall into
the restless sleep of the sick and dying,
their beds near yet far from Spain, far from home.
For a while, the poet walks with the help
of his brother and friends along the beach,
to see beyond Collioure the seagulls dive
and climb, to vanish in the mists and clouds.

V

Very far away in Soria, Leonor, the
poet's long-dead wife, waits for Antonio,
who labors to breathe here in this hotel
in Collioure. A poem on the breeze takes
an ephemeral silent song of love
across all borders, all barriers to life.
With a last, long breath, Antonio exhales,
and all his poems, by the hundreds, rise
and swirl through the heavens, where even
the darkest angels turn away from such light.

V I

Six Spanish soldiers slip quietly out
of the French refugee center. They heard
a great Spanish poet who fought for them
with words and deeds has died here in Collioure.
Six young, brave soldiers, in their uniforms,
come to honor Antonio Machado.
Six exiled soldiers carry his coffin
to this humble cemetery, where friends
drape the casket in a red, gold, murrey flag,
the colors of Spain's lost republic.
In a few days his mother lies at his side in French soil.

V I I

Today the tourists come with their cell phones
and cameras to gaze at the site their guide
has said they should see. A few take pictures.
Others mill around, yawn, smile, walk away.
A few unplug their electronic gear
for just a moment at Machado's grave,
here in Collioure, and listen to his voice
carried on the lyre of the wind and surf.

Viajeros a Collioure

I

Siglos y siglos de cuerpos entrelazados en camas,
cuevas, carretas llenas de paja, en los últimos bancos
de las iglesias, debajo de las mesas, en cualquier lugar
donde se pueda robar un momento
de privacidad a la tediosa marcha de momento tras
momento desde la cuna hasta la fosa, al fin juntan
a estos cuatro miembros de familia aquí,
en Barcelona. Ahora tienen que manejar por las frías
montañas del norte de España, por el camino
hacia Girona, donde el anciano y su madre
podrán descansar en medio de un remolino
de maletas, bolsas, paquetes, y cuerpos sucios,
por una noche. Mas no hay seguridad aquí
en Girona, así que siguen adelante hacia el norte
por Cataluña, subiendo el camino
tortuoso que lleva a la frontera francesa.

II

Imposible describir los gritos de voces angustiadas,
de niños aterrorizados, de perros enloquecidos,
todos perdidos en este enjambre de terror y fatiga.
El coche, ya casi sin gasolina, se para
y un soldado se acerca y dice "es un honor
echarle gasolina al poeta mas grande de España."

III

Todos hacen un gesto de despedida, y con los ojos llenos
de lágrimas manejan hacia la oscuridad, y se unen,
como otro segmento más, a un largo y sinuoso insecto
compuesto de coches, camiones, carretas, llantos y lamentos.
Los deslumbrantes faros ocultan las alas negras
de los ángeles caídos revoloteando por lo alto,
sobre los pasos de los Pirineos, mientras
la lluvia, con una negra intención, llena los caminos
de lodo, de fango, de desesperación. Cuando
el coche muere, el anciano, su madre,
su cuñada y hermano, se tambalean unos
pocos pasos más y cruzan la frontera con Francia.
Un amigo en Cerbère encuentra un pequeño cuarto
para que el poeta y su familia descansen,
para que sueñen, antes de hacer el último esfuerzo
para llegar al pueblo de Collioure.
Una vez allí, un arroyito y el camino principal
los aleja de los rieles de hierro y el chirriante pito del tren.

IV

La familia se arrastra hacia el Hotel
Bougnol Quintana, en Collioure,
apenas con vida, cada respiro un adiós
al mundo. No muy lejos están el mar y los peces
que no necesitan ni equipaje ni ropa.
Ahora el poeta y su madre se hunden
en el sueño inquieto de los enfermos y moribundos,
sus camas cerca, pero lejos de España, lejos del hogar.
Por un rato, el poeta se pasea por la playa
con la ayuda de su hermano y amigos,
para ver más allá de Collioure a las gaviotas bajar en picado
luego remontar y desaparecer en la neblina y las nubes.

V

Muy lejos, en Soria, Leonor,
la esposa del poeta, muerta ya hace tiempo,
espera a Antonio que lucha para respirar aquí
en este hotel, en Collioure. Un poema en la brisa
lleva una canción de amor efímera y silenciosa,
a derribar todas las fronteras y barreras de la vida.
Con un último, largo respiro, Antonio exhala
y todos sus poemas, a centenares, se levantan
y giran por los cielos, donde hasta
los ángeles más oscuros huyen de tan fuerte luz.

V I

Seis soldados españoles se deslizan
del campo francés de refugiados. Han oído que
un gran poeta español que combatió por ellos
con palabras y hechos ha muerto aquí en Collioure.
Seis soldados uniformados, jóvenes y valientes,
vienen a honrar a Antonio Machado.
Seis soldados exiliados cargan su ataúd
a este humilde cementerio, donde los amigos
cubren el féretro con la bandera roja, amarilla, y
morada, los colores de la república española perdida.
En pocos días, su madre yace a su lado en tierra francesa.

V I I

Hoy día los turistas vienen con sus celulares
y cámaras a ver el sitio que el guía
les ha recomendado. Algunos toman fotos,
otros se remolinan, bostezan, sonríen, y se alejan.
Unos cuantos desenchufan sus aparatos electrónicos
por sólo un momento ante la tumba de Machado,
aquí en Collioure, y escuchan su voz
en la lira del viento y el oleaje.

IV

| RETURN TO | VOLVER A |
| ALBUQUERQUE | ALBUQUERQUE |

Ángel and Me

remembering Ángel González

Ángel and I walk toward the car,
the hour is late, the party over,
the night dark. I don't see the bronze
adornment hanging from the tree,
and I bump into it.

My head rings *ding-dong* like a bell
resonating through the sleeping streets
of the aged city of Albuquerque.

Ángel, as tall as I am short,
hasn't seen anything.
"What bell rang?" he asks.
"I'm the bell," I tell him,
as I recall at dawn,
the devastating hour
of a hangover.

Another time. In Madrid.
Because it is prohibited,
on purpose I sing "The International."
"Arise ye suffering from starvation,
arise, ye wretched of the earth . . ."
"Tony," says Ángel, "if you keep that up,
you're going to spend a long time in Spain
at no cost to you."

At that time, a general whose name
I do not wish to recall, was still
goose-stepping through Madrid.
The hounds of repression
were running throughout Spain.
I fell silent.

And now that I think of all this,
I say to you: Keep in mind
how sweet it is to walk in liberty,
to sound like a bell
in these discouraging times.

Remember, also,
Ángel's poems.
Almost all the music he left us.*

* Translated by Tony Mares, *Casi toda la música / Almost
All The Music* is a bilingual collection of Ángel González's
poetry, published a year before his death in 2008. Ángel
considered Tony his finest English translator.

Ángel y yo

recordando a Ángel González

Ángel y yo andamos hacia el coche,
la hora avanzada, la fiesta terminada,
la noche oscura. No veo el adorno
de bronce colgando del árbol,
y doy con él.

Mi cabeza hace "tan talán" como una campana
resonando por las calles dormidas
de la vieja ciudad de Albuquerque.

Ángel, tan alto como yo soy bajito,
no ha visto nada.
"¿Qué campana sonó?" pregunta.
"Yo soy la campana," le digo,
mientras recuerdo al amanecer,
la hora desoladora
de la resaca.

Otra ocasión. En Madrid.
Porque está prohibido,
adrede canto "La Internacional."
-Arriba parias de la tierra,
en pie famélica legión-
"Tony," dice Ángel, "si sigues así,
vas a pasar un largo tiempo en España
sin tener que pagar nada."

En aquel entonces, un general cuyo nombre
no quisiera recordar, aún marchaba
a paso de ganso por las calles de Madrid.
Los galgos de la represión
corrían por toda España.
Me quedé mudo.

Y ahora que pienso en todo esto,
les digo a ustedes: tengan en cuenta
lo dulce que es andar en libertad,
de sonar como una campana
en estos tiempos desalentadores.

Recuerden, también,
los poemas de Ángel.
Casi toda la música que nos dejó.*

* Traducido por Tony Mares, *Casi toda la música / Almost
All The Music* es un poemario bilingüe de Ángel González,
publicado el año antes de su muerte en 2008. Ángel con-
sideraba a Tony como su mejor traductor al inglés.

Lincoln Brigadier in a Wheelchair

Over half a century of wars
gone by, the old brigadier still wears
a uniform, his *boina vasca*, and his medals
across his chest. He fought the noble fight.
He risked all so that Spain might live.
He saw his comrades fall, his cause
embittered by squabbles among the Left.
On the Jarama, he bled to save Madrid.
At Casa de Campo, he lost his leg.

Now, Anger, stuck in the rut of long ago,
seethes in the old brigadier.
He listens to a mild-mannered professor
lecture on the Spanish Civil War. Anger
makes sure he hears only rejection
in the balanced notes of the professor.

He is having none of it. Wheelchair
bound, he shouts, "We communists
knew we *had* to organize! We *had*
to build a disciplined army
to win the war! *Then* we could settle
with the anarchists! You didn't say
anything about that!" He almost leaps
out of his wheelchair.

His every word is an angry shout.
The professor keeps his temper. Curiosity
and Sympathy stare at the old brigadier,
hang their heads in sadness and walk away.
Outside the lecture hall, children play
beneath budding trees of spring. A dog
barks happily in pursuit of a toy.

After the lecture, the Lincoln Brigadier
is left alone with his Basque beret,
his medals, his wheelchair. No one
wants to talk with him. My heart breaks
for the Brigadier. I recall Brecht,
who feared for us who try to bring
kindness into the world, but cannot
ourselves be kind.

Outside, the indifferent light of day.
Time shrugs and moves on.

Brigadista Lincoln en su silla de ruedas

Después de más de medio siglo de guerras,
el anciano brigadista aún viste
uniforme, su boina vasca, y sus medallas
en el pecho. Lidió una noble batalla.
Lo arriesgó todo para que España pudiera vivir.
Vio caer a sus camaradas, su causa
amargada por las disputas de la izquierda.
En el Jarama, dio su sangre para salvar Madrid.
La Casa de Campo le costó una pierna.

Ahora, la Ira, atascada en el pasado lejano,
bulle dentro del anciano brigadista.
Escucha una conferencia de un profesor apacible
sobre la Guerra Civil Española. La Ira
se asegura de que oiga sólo rechazo
en los comentarios equilibrados del profesor.

No está de acuerdo en absoluto. Desde su silla
de ruedas, grita, "¡Nosotros, los comunistas
sabíamos que *teníamos* que organizarnos!
¡*Teníamos* que construir un ejército disciplinado
para ganar la guerra! ¡*Entonces* podríamos
saldar cuentas con los anarquistas!
¡Tú no dijiste *nada* de eso!" Casi brinca
de su silla de ruedas.

Cada una de sus palabras es un grito de Ira.
El profesor se mantiene tranquilo. La Curiosidad
y La Compasión miran fijamente al anciano brigadista,
agachan la cabeza con tristeza y se alejan.
Afuera de la sala de conferencias, unos niños juegan
debajo de los árboles primaverales. Un perro
ladra alegremente, persiguiendo un juguete.

Después de la conferencia, el brigadista Lincoln
se queda solo con su boina vasca,
sus medallas, y su silla de ruedas.
Nadie quiere hablar con él. Se me rompe
el corazón por el brigadista. Recuerdo que Brecht
temía por nosotros los que intentamos traer
la bondad al mundo, pero no podemos
nosotros mismos ser bondadosos.

Afuera, la luz indiferente del día.
El Tiempo se encoge de hombros y se va.

In One Sitting

in one sitting I
read "Crosswalk Casserole"
get caught up in Michael C. Ford's
free-flowing brain don't notice
I am pigging out
on trail mix and red wine
probably will be sick tomorrow
but the poems are good
while they last
so is the wine

an odd connection here
this background radiation
of images on my brain screen
at least every tenth one
left over from the Spanish Civil War
these reminders always here
that Spain and the world
have unfinished business
in this dance of laughter
and death we do
in these dark times

I want to go back to Spain,
to the anarchy of its people,
the repairman dancing an *alegría*
with the women in the laundry,
the bars built like cathedrals,
bars with magnificent names like
Fatigas del Querer, The Difficulties of Love
the illegal street vendors ready
to flee at a moment's notice
la dueña admonishing me
"*no hagas corrida de muebles*"
to not drag furniture around

in my flat above the streets
where Cervantes, Quevedo,
Valle-Inclán, Machado, Miguel
Hernández, Lorca, Sender,
and so many others roamed

I want to go back to Spain
but if I never do it doesn't matter
I can talk with Ford
enjoy this crazy casserole
of jazz and poems
the free-wheeling Spain
inside the poem
inside the poem
inside the poem
to infinite regress
to infinity

De un tirón

de un tirón
leo "Crosswalk Casserole"
me quedo atrapado en el cerebro fluido
de Michael C. Ford sin darme cuenta
que me estoy hartando de una mezcla
de frutos secos y vino tinto
probablemente estaré enfermo mañana
pero los poemas son buenos
mientras duran
el vino también

una conexión rara aquí
esta radiación de fondo
de imágenes en la pantalla de mi cerebro
por lo menos una de cada diez
un vestigio de la Guerra Civil Española
estos recuerdos siempre aquí
de que España y el mundo
no han saldado las cuentas
en este baile de risa
y muerte que llevamos a cabo
en estos tiempos sombríos

quiero volver a España,
a la anarquía de su gente,
el reparador de lavadoras bailando una alegría
con las mujeres en la lavandería,
las tabernas construidas como catedrales,
las tabernas con nombres magníficos
como *Fatigas del Querer*,
los vendedores ambulantes ilegales
listos para huir en un instante
la dueña regañándome
"no hagas corrida de muebles"
para que no arrastre los muebles

en mi apartamento sobre las calles
por donde Cervantes, Quevedo,
Valle-Inclán, Machado, Miguel
Hernández, Lorca, Sender
y tantos otros deambularon.

quiero volver a España
pero si no lo consigo no importa
puedo charlar con Ford
gozar de esta loca cazuela
de jazz y poesía
la España a todo dar
dentro del poema
dentro del poema
dentro del poema
hasta el retroceso infinito
hasta la infinidad

From on High

from on high
where angels good and bad live
Spain becomes theater
of our shrieking dreams

angels good and bad
are who we really are
with the conflicts in our DNA

from up there
above the eyebrows
we act out what was Spain

what Spain is now
what we are now
fallen angels trying
to lift ourselves up

En lo alto

en lo alto donde moran
los ángeles buenos y malos
España se vuelve teatro
de nuestros sueños chirriantes.

ángeles buenos y malos
es lo que realmente somos
con los conflictos en nuestro ADN

allá arriba
por encima de las cejas
representamos lo que España fue

lo que España es ahora
lo que nosotros somos ahora
ángeles caídos tratando
de levantarnos

Ana through the Mirror of Music

*("Ana" performed by the Berlin Contemporary
Jazz Orchestra)*

that slide trombone
rises out of somber piano keys
far away from these times

it lets me know
how much I miss la Puerta del Sol

deep drum in the background
Cuban dreams breaking free
trumpets, clarinets, the sax
knock it out of the ballpark

over cups of coffee at the Brew
the piano comes back strong
string and wind instruments
gossip with the bass
far away from these times

and suddenly I remember
those streets of Madrid

snow geese flying overhead keep
a jazz beat with their wings
they fly round and round
inside their own blues, jazz
a star in the Milky Way galaxy
far away from these times

and from where I don't know
the starry Andalusian night comes to me

clarinet keeps it balanced
the beat inside my head,
strong, insistent, lets me know

I have not wasted my life

Ana tras el espejo de la música

*("Ana" interpretada por la Orquesta de Jazz
Contemporáneo de Berlín)*

ese trombón de varas
asciende de las teclas sombrías del piano
muy lejos de estos tiempos

me deja saber
cuánto extraño la Puerta del Sol

en el fondo un tambor profundo
sueños cubanos desatándose
trompetas, clarinetes, el saxo
crean una cadencia sublime

con tazas de café en el *Brew*
el piano vuelve fuerte
los instrumentos de viento y cuerda
chismean con el contrabajo
muy lejos de estos tiempos

y de repente recuerdo
esas calles de Madrid

unos gansos blancos volando por arriba
mantienen un ritmo de jazz con sus alas
dan vueltas y vueltas
dentro de su propio blues, jazz
una estrella en la Vía Láctea
muy lejos de estos tiempos

y de no sé dónde
me viene la estrellada noche andaluza

el clarinete mantiene todo en equilibrio
el ritmo dentro de mi cabeza,
fuerte, insistente, me deja saber que

no he desperdiciado mi vida

As I Walk through la Plaza Vieja

I

As I walk through la Plaza Vieja,
Albuquerque, New Mexico,
I remember all the plazas
I've seen in Mexico and Spain.
This time I stroll into the past
through the ephemeral light
of history curved by time
and cross busy Lomas street,
New York Avenue
as it was called back then.

It was a dusty dirt road.
Buried voices push up through earth,
pavement, and concrete.
The ghosts of homes
linger in the silent walls
of shops and restaurants
where tourists enjoy
a sense of the distant past.
On the backstreets
you will still find old-timers
who live and work here.

Voices rise through fissures
of time. Grandma's voice
mixes with the chatter
of her lady friends
as they smoke Bull Durham
rolled in Riz-la cigarette paper
and sip a very sweet wine.

Next come the voices
of San Felipe de Neri School,
the former courthouse
and jail, carved out of stone,
still looking ominous
in mid-twentieth century,
as I remember it.

Schoolboys egged me on,
as I was the youngest.
"Go ahead, do it."
"If you are a Sister,"
I asked Sister Joseph,
"where is your brother?"
The boys sniggered like crazy,
the girls smiled shyly.
I had my first
of many spankings.

Voices so far away,
so near, in the shifting
ambiguities of time,
accompany me through
a ghostly Old Town.

II

As I cross Church Street,
I wonder: What has become
of the scattered sound waves
sung by the cave dwellers
in the Sandia Mountains?
Where are the rooftop cries
of the pueblos once here
in the Middle Río Grande valley?

I have no use for the sweet lies
we drug ourselves with
to be able to stand the present.
Indigenous people were quite well,
thank you, before Spaniards
and other Europeans came.
Colonizers on the move
made dust everywhere.
Later, more Westerners
came and upset the balance,
ancient and honored, between
humans and wilderness
that once held in these lands.

I remember the nuns in black,
always black. The priests,
little dictators arriving fresh
from Franco's Spain. The Irish
Jesuit ready to insult you
with no provocation needed.

I remember how we were forced
to pray, down on our knees,
to thank God for Franco's
victory over the "Reds" in Spain.

Then there was Father Goni.
Jesuit, pro-Franco, yet a jewel
of friendship and compassion
for the poor, for my family.
He took us on picnics
every Sunday to the Sandías,
entertained us with jokes and stories
about parishes he had served.
I can still hear his laughter,
so profoundly human.

Here, in the Plaza Vieja
in Albuquerque,
the musical notes
of old Spanish,
the urgent drums,
the dances of the pueblos
and the tribes illuminate
the heavens with melodies
that will break your heart.

I sense the link between
the quark to the atoms
and you and I, with my personal
trip of blood spilled,
of taverns, women, and children,
of songs in the night
in my passage over the planet.

Light years of longing
for the rhythms of time
that bind to this planet,
to everything that is,
in this enigmatic dance
turning forever among the galaxies.

We might as well enjoy it.

Mientras camino por la Plaza Vieja

I

Mientras camino por la Plaza Vieja,
en Albuquerque, Nuevo México,
recuerdo todas las plazas
que he visto en México y en España.
Esta vez doy un paseo hacia el pasado
a través de la luz efímera de la Historia
que con el tiempo se curva
y cruzo la calle Lomas, tan concurrida,
que antaño se llamaba
Avenida de Nueva York.

Era un polvoriento camino sin asfalto.
Voces enterradas brotan de la tierra,
del pavimento, y del hormigón.
Los fantasmas de las casas
perduran en los muros silenciosos
de tiendas y restaurantes
donde los turistas gozan
de un sentido del pasado lejano.
En los callejones
aún encontrarás a ancianos
que viven y trabajan aquí.

Voces emergen de las grietas
del tiempo. La voz de mi abuela
se mezcla con la plática
de sus amigas
mientras fuman tabaco Bull Durham
enrollado en papeles de Riz-la
y beben un vino muy dulce.

Luego llegan las voces
de la escuela San Felipe de Neri,
antiguo juzgado y cárcel,
tallado de piedra,
con aspecto amenazante todavía
a mediados del siglo veinte,
como yo la recuerdo.

Mis compañeros de clase me incitaban,
puesto que yo era el más joven.
"Ándale, hazlo."
"Si eres hermana,"
le pregunté a la Hermana Joseph,
"¿dónde está tu hermano?"
Los muchachos se reían como tontos,
las niñas sonreían tímidamente.
Yo sufrí la primera
de muchas nalgadas.

Voces tan lejanas,
tan cerca, en la ambigüedad
resbaladiza del tiempo,
me acompañan por
una Plaza Vieja fantasmal.

II

Mientras cruzo Church Street,
me pregunto: ¿Qué ha sido de
las ondas sonoras desparramadas
que cantaban los habitantes de las cuevas
de las montañas Sandía?
¿Dónde están los gritos desde los techos
de los pueblos que antes estaban aquí
en medio del valle del Río Grande?

No tengo paciencia con las dulces mentiras
con las que nos drogamos para
poder aguantar el momento presente.
Los indígenas estaban bastante bien,
gracias, antes de la llegada de los
españoles y otros europeos.
Los colonizadores levantaban
nubes de polvo por dondequiera que iban.
Después, llegaron más europeos
y trastornaron el equilibrio,
antiguo y honrado, entre
el ser humano y la naturaleza
que antes prevalecía en estas tierras.

Recuerdo a las monjas vestidas de negro,
siempre de negro. Los curas,
pequeños dictadores recién llegados
de la España de Franco. El jesuita
irlandés listo para insultarte
sin provocación alguna.

Recuerdo cómo nos forzaban
a rezar de rodillas para dar gracias
a Dios por la victoria de Franco
contra los "rojos" en España.

Pero también hubo el caso del Padre Goni.
Jesuita, franquista, y sin embargo,
una joya de amistad y compasión
hacia los pobres, hacia mi familia.
Nos llevaba a piqueniques
cada domingo a las montañas Sandía,
nos entretenía con chistes e historias
de parroquias donde había servido.
Aún puedo oír su risa
de honda humanidad.

Aquí, en La Plaza Vieja
de Albuquerque,
las notas musicales
del español antiguo,
los tambores urgentes,
los bailes de los pueblos
y tribus iluminan
los cielos con melodías
que te rompen el corazón.

Siento el vínculo entre
el quark y los átomos,
y tú y yo, con mi viaje
personal de sangre derramada,
de tabernas, de mujeres e hijos,
de canciones en la noche
en mi tránsito por el planeta.

Años luz añorando
los ritmos del tiempo
que se amarran a este planeta
a todo lo que es,
en este baile enigmático
girando para siempre entre las galaxias.

Más nos vale disfrutarlo.

"A Fiercely Human Angel": E. A. "Tony" Mares and the Poetry of the Spanish Civil War

Susana Rivera

Art in early-twentieth-century Spain, as in most of Europe, was a whirlwind of activity. Poetry, in particular, was undergoing an explosion of creative energy and a period of transition. The embers of modernism still shone on pale, melancholy, lovelorn princesses languishing in their exquisite palaces or strolling in their lush aromatic gardens from where they could catch a glimpse of elegant white swans floating upon shimmering blue lakes while a grey symphony sounded in the background. This was "art for art's sake" at its best that led poets to shun the everyday reality that they considered vulgar and to revel in escaping to faraway exotic lands or riding a time machine to the past where they could gallop along with medieval knights, rule with Ottoman sultans, wear ornate Japanese kimonos and classical Greek togas, or worship the sun with Aztec and Incan priests. Language was an instrument that produced an abundance of adjectives and similes like colorful musical notes that, instead of communicating directly, relied on the power of suggestion and activated the senses.

However, in 1911, Mexican poet Enrique González Martínez strangled the graceful symbolic swan. The princesses were banished to their fairy tales, and modernist poetry morphed into pure poetry that took the evasion of reality to the next level. Pure poetry was characterized by "the dehumanization of art" that attempted to abolish from the text anything unrelated to the aesthetic experience. Gone were bibliographical anecdotes, maudlin sentimentality, and any allusions to politics or history, which were all seen as a contamination of the pursuit of absolute Beauty. It was a hermetic, intellectual writing style directed primarily to other artists, never to the masses; its principal proponent, Juan Ramón Jiménez, dedicated his work "to the minority always." Words were used to highlight the primordial incantatory element of verse in order to create a mood and transport the reader to the very essence of language; interest was in the medium rather than the message. There were other writers more concerned with humanity who decried the political, material, and social decay that plagued Spain after the disastrous Spanish-American War of 1898 that definitively brought the Empire to its knees, but, at that moment, the quest for purity overshadowed them. As such, Miguel de Unamuno's religious and philosophical poems and Antonio Machado's ethical and political ones were considered tainted.

Simultaneously, the provocative, cutting-edge rumblings of the avant-garde movements were beginning to erupt onto the Spanish artistic scene. It was a frenzy of "isms"—Dadaism, Futurism, Creationism, Ultraism, among others—all vying to shatter long-standing notions of art with the intent to shock and destabilize the status quo. The Spanish vanguard poets were not as iconoclastic or subversive as their counterparts in other European lands; still, they continued to ignore humanity and wrote a different kind of pure, dehumanized poetry armed with humor, metaphors, and the technological triumph over nature. The surge in creativity liberated the imagination and led to a novel concept of what constitutes an acceptable poetic image. They flicked the switch on the pale-blonde princess for a bright electric light bulb, and the swan emerged as a luxurious cruise ship, the modern knights mounted sleek, speedy automobiles, the Ottoman sultans became sinewy, vivacious athletes donning tracksuits or leotards, and the feathered wings of the Aztec and Incan priests hardened to the steel wings of airplanes that soared toward the sun.

Only the surrealists looked beyond aesthetics; they sought a total renovation, an "integral revolution" that would eventually "transform life." To that end, they adopted the doctrines of both Freud and Marx. Freud to liberate the repressed impulses of the subconscious mind and its subservience to reason as well as moral and social conventions, and Marx to liberate the masses from political and economic oppression. In this way, they strayed from the ideal of purity and initiated a rehumanization of art that the Spanish surrealists found appealing given the political changes that were taking place.

Freedom was not limited to the arts; in 1931 a new flag was waving over Spain: the red, yellow, and murrey flag of the Second Republic. The so-called *niña bonita* (pretty girl) radiated democracy, progress, and modernization to all spheres of life, but, tragically, her luminosity blinded the reactionaries and obscurantists, which caused the ever-deepening schism of the Right and Left to reach a breaking point. The proletarian revolution of 1934 began when the Asturian rebels and coalminers took to the streets to strike against the entrance of a right-wing party, the Spanish Confederation of the Autonomous Right, to the government. With the help of the Spanish Army of Africa, the rebellion, which was a prelude to what was to come, was brutally suppressed. In 1936 darkness prevailed as the Civil War ravaged the country for three long, bloody years and, in turn, became a prelude to World War II.

The sounds of war jolted the artists awake from the slumber of purity; the glare of the weapons pried their eyes open to the harshness of reality. As early as 1931 Rafael Alberti proclaimed, "Before my poetry was at the service of myself and a few others. Not today. What drives me to it is the same cause that moves the workers and the peasants: that is, a revolutionary cause. I sincerely believe that to be the new direction of poetry" (qtd. in Fernández and Tamaro, "Biografía de Rafael Alberti," n.p.). A year later, Rafael Sánchez Mazas wrote, "The collections of the so-called pure poetry are tombstones of an exquisite and ephemeral past" (qtd. in Ízaro, "Decadencia del esteticismo," 2). The atrocities of the war also politicized Chilean poet Pablo Neruda, who sympathized with the Loyalist faction and staunchly defended the Spanish Republic. In 1935 he founded the journal *Caballo verde para la poesía* (Green Horse for Poetry) in which he published the manifesto titled "Sobre una poesía sin pureza" ("Toward an Impure Poetry") where he wrote the following:

Let that be the poetry we search for: worn with the hand's obligations, as by acids, steeped in sweat and in smoke, smelling of lilies and urine, spattered diversely by the trades that we live by, inside the law or beyond it. A poetry impure as the clothing we wear, or our bodies, soup-stained, soiled with our shameful behavior, our wrinkles and vigils and dreams, observations and prophecies, declarations of loathing and love, idylls and beasts, the shocks of encounter, political loyalties, denials and doubts, affirmations and taxes.

The holy canons of madrigal, the mandates of touch, smell, taste, sight, hearing, the passion for justice, sexual desire, the sea sounding, willfully rejecting and accepting nothing: the deep penetration of things in the transports of love, a consummate poetry soiled by the pigeon's claw, ice-marked and tooth-marked, bitten delicately with our sweatdrops and usage, perhaps. (Neruda, "Sobre una poesía sin pureza," n.p.)

In 1936, at the beginning of the Civil War and shortly before his assassination by Nationalist forces, poet and playwright Federico García Lorca affirmed, "No true man believes anymore in that triviality of pure art, art for art's sake. In this dramatic moment of the world, the artist must laugh and cry with his people ... But the pain of man and the constant injustice that flows from the world, and my own body and my own thoughts, prevent me from moving my house to the stars ..." (qtd. in Chabás and Valcárcel, *Literatura española contemporánea*, 438).

A collective paper published in 1937 in *Hora de España*, one of the many literary journals to emerge after the war, stated, "The pure, as anti-human, could not satisfy us deep down.... All the same, and perhaps by instinct, rather than by reason, more and more we were with the people.... The abstract art of recent years seemed false to us" (Serrano Plaja, "Ponencia colectiva," n.p.). During the war, the shocking explosions no longer emanated from adjectives and metaphors but rather from guns and bombers; poetry on both sides was also combative and propagandistic. The right-wingers saw the conflict as a crusade that would save Spain from the "Red hordes"; they wrote about country, God, and empire.

The leftists mobilized against the forces of fascism and wrote about freedom, democracy, and justice. The princesses became brave *milicianas* (militia women) aiming their rifles, the swans were large tanks floating among the city ruins, the knights were the quixotic Popular Front government, who, with anarchist and worker militias and the International Brigades, tilted at windmills that were very real giants dressed in the distinctive green uniforms of the generals and the blue or black shirts of the fascists. The planes now dropped bombs on the panic-stricken citizens.

When the war came to an end, the fascists had usurped power, and the most prominent poets of the time were dead, jailed, or forced into exile. Fear dissuaded the nonconformists from expressing their outrage, and dictator Francisco Franco's acolytes practiced "*la estética del triunfo*" (the aesthetics of triumph) where the death and destruction of war were covered up by literary tropes. Formalism reigned supreme, and God and the dictator were the primary protagonists. However, in 1944 two groundbreaking books were published that proved to be harbingers of the path poetry was to take: *Sombra del paraíso* (Shadow of Paradise) by Vicente Aleixandre and *Hijos de la ira* (Children of Wrath) by Dámaso Alonso. Both were precursors of the poetry that would be popular well into the sixties, in some cases even the seventies, known, somewhat euphemistically, as social poetry. Its major goal was a fierce resistance to the fascist regime.

The first generation of postwar poets finally heeded the wisdom of Antonio Machado, who had been overshadowed by Juan Ramón Jiménez and his obsessive search for pure, absolute Beauty. For Machado, poetry is "the dialogue of man, of a man with his time" (80). This definition places one within historical time, and ultimately political and social time. The poet, then, is a witness to and conveyer of that particular moment, and the text is a mirror of society. Given the catastrophic reality of a country ravaged by war, instead of an exclusively aesthetic experience, poetry became politically subversive, revolutionary. As Gabriel Celaya stated, it was "*un arma cargada de futuro*" (a weapon loaded with the future) and "*una herramienta para transformar el mundo*" (a tool to transform the world) (112). It was a poetry of protest, denunciation, and solidarity with the downtrodden as well as a passionate, fervent hymn to freedom. In their urgency to communicate, they wrote in a clear, direct, everyday language, and at times they sacrificed the artistic medium for the political message. Celaya affirmed, "I would write a perfect poem / were it not indecent to do so in these times." José Hierro proclaimed, "I confess that I hate the ivory tower" (qtd. in Ribes, *Antología consultada*, 106). And Victoriano Crémer declared that "to launch rhythmic trills, while humanity just works, suffers and dies, is a crime" (qtd. in Ribes, *Antología consultada*, 63). What was previously considered tainted or impure was now seen as a moral obligation. No longer concerned with the elite artistic minority, writers like Blas de Otero, who dedicated his work "to the immense majority," directed their poetry to the masses in order to awaken their critical consciousness and deliver a call to action to join the struggle for democracy and justice.

The second generation of postwar poets, known as "the children of the war," adopted the political and ethical concerns of their predecessors. However, with time, the initial politically militant fervor provoked by the war had subsided, and they realized that, above all, poetry is an art form. They therefore infused their nonconformist message with the medium of poetic diction, an artistic language albeit one still clear and direct, in an attempt to reach all readers. Tony Mares, as evidenced by this book, would identify with "the children of wrath," and, besides belonging to their generation due to his age, he clearly regarded art in the same light as "the children of the war," who believed that the responsible, empathetic artist could not, should not, remain apathetic to the plight of humanity when confronted with injustice of any kind. In his speech "The Perils of Indifference," Elie Wiesel proclaims,

> Of course, indifference can be tempting—more than that, seductive. It is so much easier to look away from victims. It is so much easier to avoid such rude interruptions to our work, our dreams, our hopes. It is, after all, awkward, troublesome, to be involved in another person's pain and despair. . . .
>
> In a way, to be indifferent to that suffering is what makes the human being inhuman. Indifference, after all, is more dangerous than anger and hatred. Anger can at times be creative. One writes a great poem, a great symphony, one does something special for the sake of humanity because one is angry at the injustice that one witnesses. But indifference is never creative. Even hatred at times may elicit a response. You fight it. You denounce it. You disarm it. Indifference elicits no response. Indifference is not a response.
>
> Indifference is not a beginning, it is an end. And, therefore, indifference is always the friend of the enemy, for it benefits the aggressor—never his victim, whose pain is magnified when he or she feels forgotten. The political prisoner in his cell, the hungry children, the homeless refugees—not to respond to their plight, not to relieve their solitude by offering them a spark of hope is to exile them from human memory. And in denying their humanity we betray our own. (Wiesel, "The Perils of Indifference," n.p.)

In concert with the angels that form the backbone of this book, and to borrow one of Blas de Otero's titles, Tony Mares is a "fiercely human angel" (*Ángel fieramente humano*) who channeled his anger and compassion to write beautiful poems "for the sake of humanity." As he states in his title, Mares reflects upon the tragedy of the Spanish Civil War through the convex mirror of time; like seemingly remote rays of light, his thoughts about a long-past historical cataclysm strike the mirror, and the images they produce appear smaller and farther away than they actually are. But it is merely an optical illusion, a trick of the brain or an eclipse of the heart; Mares knows that the monsters of anger, hatred, jealousy, ignorance, and dogma are closer than they appear. They loom large and are ever-menacing, hence, as he warns in "It's Better to Be Drunk," "at any moment / the Angel of War / may spread his wings / once again over the landscape" (59).

Like Antonio Machado, Ramón Sender, Federico García Lorca, Miguel Hernández, and Ángel González—all of whom appear in this book—Tony Mares is an enemy of the enemy and illuminates the victims with his solidarity. May his poems join theirs as they "rise / and swirl through the heavens, where even / the darkest angels turn away from such light" (126).

BIBLIOGRAPHY

Celaya, Gabriel. *Poesía*, 4th edition. Edited by Ángel González. N.p.: Alianza, 1988.

Chabás, Juan, and Carmen Valcárcel. *Literatura española contemporánea (1898–1950)*. Ed. Javier Pérez Bazo. Verbum, 2001.

Fernández, Tomás, and Elena Tamaro. "Biografía de Rafael Alberti." In *Biografías y Vidas: La encyclopedia biográfica en línea*. Barcelona, España: n.p., 2004. https://www.biografiasyvidas.com/biografia/a/alberti_rafael.htm, accessed June 9, 2020.

Ízaro, J. de. "Decadencia del esteticismo." *El Sol* (Madrid), Sept. 16, 1932, p. 2.

Machado, Antonio. *Juan de Mairena: Sentencias, donaires, apuntes y recuerdos de un profesor apócrifo*. 2nd edition. Edited by José María Valverde. N.p.: Castalia, 1971.

Neruda, Pablo. "Sobre una poesía sin pureza" (Toward an Impure Poetry). En *Gül Biçimli Defter* (Rose Shaped Notebook). Trans. Ben Belitt Durukan. N.p.: Erdinç, 2018. erdincdurukan.blogspot.com/2018/09/pablo-neruda-sobre-una-poesia-sin-pureza.html, accessed June 9, 2020.

Ribes, Francisco, ed. *Antología consultada de la joven poesía española*. Santander, Hermanos Bedia, 1952.

Serrano Plaja, Arturo, et al. "Ponencia colectiva." *Hora de España* no. 8 (Aug. 1937): 81–95. http://www.filosofia.org/hem/193/hde/hde08081.htm. Accessed June 9, 2020.

Wiesel, Elie. "The Perils of Indifference." In *The History Place: Great Speeches Collection*. https://www.historyplace.com/speeches/wiesel.htm. Accessed June 9, 2020.

"Un ángel fieramente humano": E. A. "Tony" Mares
y la poesía de la Guerra Civil Española
Susana Rivera

El arte en España a principios del siglo XX, como en la mayor parte de Europa, fue un torbellino de actividad. La poesía, en particular, experimentaba una explosión de energía creativa y un período de transición. Las ascuas del modernismo aún brillaban sobre pálidas princesas, melancólicas y enamoradizas, que languidecían en sus exquisitos palacios o paseaban por sus exuberantes jardines aromáticos desde donde podían vislumbrar elegantes cisnes blancos flotando sobre brillantes lagos azules mientras una sinfonía gris sonaba en el fondo. Era lo máximo del "arte por el arte" que llevó a los poetas a rechazar la realidad cotidiana que consideraban vulgar y a gozar, escapándose a tierras lejanas y exóticas o montar una máquina del tiempo hacia el pasado donde podrían galopar junto a caballeros medievales, gobernar con sultanes otomanos, vestir ornados kimonos japoneses y togas griegas clásicas, o adorar al sol con sacerdotes aztecas e incas. El lenguaje era un instrumento que producía una abundancia de adjetivos y símiles como notas musicales coloridas que, en lugar de comunicar directamente, dependían del poder de la sugestión y activaban los sentidos.

Sin embargo, en 1911, el poeta mexicano Enrique González Martínez estranguló al elegante y simbólico cisne, las princesas fueron desterradas a sus cuentos de hadas, y la poesía modernista se transformó en poesía pura que llevó la evasión de la realidad al siguiente nivel. La poesía pura se caracterizó por "la deshumanización del arte" que intentaba abolir del texto todo lo que no estuviera relacionado con la experiencia estética. Desaparecieron las anécdotas bibliográficas, el sentimentalismo luctuoso y cualquier alusión a la política o la historia, que se veían como una contaminación de la búsqueda de la Belleza absoluta. Se trataba de una escritura hermética e intelectual dirigida principalmente a otros artistas, nunca a las masas; su principal representante, Juan Ramón Jiménez, dedicó su obra "a la minoría siempre." Las palabras se usaban para resaltar el elemento rítmico primordial del verso para crear un estado de ánimo y transportar al lector a la esencia misma del lenguaje; el interés estaba en el medio más que en el mensaje. Había otros escritores más preocupados por la humanidad que denunciaban la decadencia política, material y social que plagó a España después de la desastrosa Guerra Hispano-Estadounidense de 1898 que significó la desintegración definitiva del Imperio, pero, en ese momento, la búsqueda de la pureza los eclipsó. Como tal, los poemas religiosos y filosóficos de Miguel de Unamuno y los éticos y políticos de Antonio Machado se consideraban impuros.

Simultáneamente, los provocativos retumbos revolucionarios de los movimientos de vanguardia comenzaban a irrumpir en la escena artística española. Era un frenesí de "ismos"—Dadaísmo, Futurismo, Creacionismo, Ultraísmo, entre otros—que competían por romper las nociones tradicionales del arte con la intención de asombrar y desestabilizar el status quo. Los poetas vanguardistas españoles no eran tan iconoclastas o subversivos como sus homólogos en otras tierras europeas; aun así, seguían ignorando a la humanidad y escribieron un tipo diferente de poesía pura y deshumanizada armada de humor, metáforas y el triunfo tecnológico sobre la naturaleza. La profusión de la creatividad liberó la imaginación y condujo a un concepto novedoso de lo que constituye una imagen poética aceptable. Desenfocaron a la pálida y rubia princesa para encender en el poema una brillante bombilla de luz eléctrica, y el cisne surgió como un lujoso crucero, los caballeros modernos montaban rápidos automóviles refulgentes, los sultanes otomanos se convirtieron en vigorosos atletas musculares que vestían chándales o leotardos, y las alas emplumadas de los sacerdotes aztecas e incas se endurecieron en las alas de acero de los aviones que se elevaban hacia el sol.

Solo los surrealistas miraban más allá de la estética; buscaban una renovación total, una "revolución integral" que, eventualmente, "transformaría la vida." Para tal fin, adoptaron las doctrinas tanto de Freud como de Marx. Freud para liberar los impulsos reprimidos del subconsciente y su sumisión tanto a la razón como a las convenciones morales y sociales, y Marx para liberar a las masas de la opresión política y económica. De esta manera, se desviaron del ideal de pureza e iniciaron una rehumanización del arte que los surrealistas españoles encontraron atractiva, dados los cambios políticos que se estaban llevando a cabo.

La libertad no se limitaba a las artes; en 1931, una nueva bandera ondeaba sobre España: la bandera roja, amarilla y morada de la Segunda República.

La llamada "niña bonita" irradió democracia, progreso y modernización a todas las esferas de la vida, pero, trágicamente, su luminosidad cegó a los reaccionarios y oscurantistas, lo que causó que el cisma cada vez más profundo entre la derecha y la izquierda llegara al límite. La revolución proletaria de 1934 se desató cuando los mineros y rebeldes asturianos salieron a las calles para protestar contra la entrada de un partido de derechas, la Confederación Española de la Derecha Autónoma, al gobierno. Con la ayuda del ejército español de África, la rebelión, que resultó ser el preludio de lo que vendría, fue brutalmente reprimida. En 1936, la oscuridad prevaleció mientras la Guerra Civil devastó al país durante tres largos y sangrientos años y, a su vez, se convirtió en el preludio de la Segunda Guerra Mundial.

Los sonidos de la guerra despertaron bruscamente a los artistas del sueño de la pureza; el resplandor de las armas abrió sus ojos a la dureza de la realidad. Ya en 1931, Rafael Alberti había proclamado, "Antes mi poesía estaba al servicio de mí mismo y unos pocos. Hoy no. Lo que me impulsa a ello es la misma razón que mueve a los obreros y a los campesinos: o sea, una razón revolucionaria. Creo sinceramente que el nuevo camino de la poesía está ahí" (citado en Fernández y Tamaro, "Biografía de Rafael Alberti," n.p.). Un año después, Rafael Sánchez Mazas escribió, "Las colecciones de las llamadas poesías puras son lápidas funerarias de un pasado exquisito y efímero" (citado en Ízaro, "Decadencia del esteticismo," 2). Las atrocidades de la guerra también politizaron al poeta chileno Pablo Neruda, que simpatizaba con el bando leal y defendió firmemente a la República Española. En 1935, fundó la revista *Caballo verde para la poesía* en la que publicó el manifiesto titulado precisamente "Sobre una poesía sin pureza" donde escribió lo siguiente:

Así sea la poesía que buscamos, gastada como por un ácido por los deberes de la mano, penetrada por el sudor y el humo, oliente a orina y a azucena, salpicada por las diferentes profesiones que se ejercen dentro y fuera de la ley. Una poesía impura como un traje, como un cuerpo, con manchas de nutrición, y actitudes vergonzosas, con arrugas, observaciones, sueños, vigilia, profecías, declaraciones de amor y de odio, bestias, sacudidas, idilios, creencias políticas, negaciones, dudas, afirmaciones, impuestos.

La sagrada ley del madrigal y los decretos del tacto, olfato, gusto, vista, oído, el deseo de justicia, el deseo sexual, el ruido del océano, sin excluir deliberadamente nada, sin aceptar deliberadamente nada, la entrada en la profundidad de las cosas en un acto de arrebatado amor, y el producto poesía manchado de palomas digitales, con huellas de dientes y hielo, roído tal vez levemente por el sudor y el uso. (Neruda, "Sobre una poesía sin pureza," n.p.)

En 1936, al comienzo de la Guerra Civil y poco antes de su asesinato por las fuerzas nacionalistas, el poeta y dramaturgo Federico García Lorca afirmó, "Ningún hombre verdadero cree ya en esa zarandaja del arte puro, arte por el arte mismo. En este momento dramático del mundo, el artista debe reír y llorar con su pueblo ... Pero el dolor del hombre y la injusticia constante que mana del mundo, y mi propio cuerpo y mi propio pensamiento, me evitan trasladar mi casa a las estrellas" (citado en Chabás y Valcárcel, *Literatura española contemporánea*, 438).

Una ponencia colectiva publicada en 1937 en *Hora de España*, una de las muchas revistas literarias que surgieron después de la guerra, declaró: "Lo puro, por antihumano, no podía satisfacernos en el fondo ... Con todo, y por instinto tal vez, más que por comprensión, cada vez estábamos más del lado del pueblo. . . . El arte abstracto de los últimos años nos parecía falso" (Serrano Plaja, "Ponencia colectiva," n.p.). Durante la guerra, las impactantes explosiones ya no emanaban de adjetivos y metáforas sino de ametralladoras y bombarderos; la poesía de ambos lados también era combativa y propagandística. Los derechistas veían el conflicto como una cruzada que salvaría a España de las "hordas rojas"; escribían sobre la Patria, Dios y el Imperio.

Los izquierdistas se movilizaron contra las fuerzas del fascismo y escribían sobre la libertad, democracia y justicia. Las princesas se convirtieron en valientes milicianas apuntando sus fusiles, los cisnes eran grandes tanques flotando entre las ruinas de las ciudades, los caballeros eran las quijotescas milicias anarquistas y obreras, y las Brigadas Internacionales que, junto con el gobierno del Frente Popular, luchaban contra molinos de viento que eran gigantes muy reales vestidos con los distintivos uniformes verdes de los generales y las camisas azules o negras de los fascistas; los aviones ahora arrojaban bombas sobre los ciudadanos aterrorizados.

Cuando la guerra llegó a su fin, los fascistas habían usurpado el poder, y los poetas más destacados de la época estaban muertos, encarcelados o desterrados. El miedo disuadió a los inconformistas de expresar su indignación, y los acólitos del dictador Francisco Franco practicaron "la estética del triunfo" que ocultaba la muerte y la destrucción de la guerra con tropos literarios. Reinaba el formalismo, y Dios y el dictador eran los principales protagonistas. Sin embargo, en 1944 se publicaron dos libros pioneros que demostraron ser presagios del camino que iba a tomar la poesía: *Sombra del paraíso* de Vicente Aleixandre e *Hijos de la ira* de Dámaso Alonso. Ambos fueron precursores de la poesía que sería popular hasta los años sesenta, en algunos casos incluso hasta los setenta, conocida, de manera un tanto eufemística, como poesía social. Su principal objetivo era una feroz resistencia al régimen fascista.

La primera generación de poetas de posguerra reparó finalmente en la sabiduría de Antonio Machado, que había sido opacado por Juan Ramón Jiménez y su obsesiva búsqueda de la Belleza pura y absoluta. Para Machado, la poesía es "el diálogo del hombre, de un hombre con su tiempo" (80). Esta definición coloca al ser humano en el tiempo histórico y, por lo tanto, en el tiempo político y social, el poeta, entonces, es testigo y transmisor de ese particular momento, y el texto es un espejo de la sociedad. Dada la catastrófica realidad de un país devastado por la guerra, en lugar de una experiencia exclusivamente estética, la poesía se volvió políticamente subversiva, revolucionaria. Como dijo Gabriel Celaya, era "un arma cargada de futuro" y "una herramienta para transformar el mundo." Era una poesía de protesta, denuncia y solidaridad con los oprimidos, así como un himno apasionado y ferviente a la libertad. En su urgencia por comunicarse, escribían en un lenguaje claro, directo y cotidiano, y, a veces, sacrificaban el medio artístico por el mensaje político. Celaya afirmó, "escribiría un poema perfecto / si no fuera indecente hacerlo en estos tiempos." José Hierro proclamó, "Confieso que detesto la torre de marfil" (citado en Ribes, *Antología consultada*, 106). Y Victoriano Crémer declaró que "Lanzar gorgoritos rítmicamente, mientras el hombre a secas trabaja, sufre y muere, es un delito" (citado en Ribes, *Antología consultada,* 63). Lo que antes se consideraba contaminado, impuro, ahora se veía como una obligación moral. Ya no interesados en la minoría artística de élite, escritores como Blas de Otero, que dedicó su obra "a la inmensa mayoría," dirigieron su poesía a las masas para despertar su conciencia crítica y hacer un llamado a la acción para unirse a la lucha por la democracia y justicia.

Los integrantes de la segunda generación de poetas de posguerra, conocidos como "los niños de la guerra," adoptaron las preocupaciones políticas y éticas de sus predecesores. Sin embargo, con el tiempo, el fervor político militante inicial provocado por la guerra se había disminuido, y se dieron cuenta de que, ante todo, la poesía es una forma de arte. Por lo que infundieron su mensaje inconformista con el medio de la dicción poética, un lenguaje artístico aunque todavía claro y directo, en un intento de llegar a todos los lectores. Tony Mares, como lo demuestra este libro, se identificaría con "los hijos de la ira," y, además de pertenecer a su generación debido a su edad, claramente consideraba el arte bajo la misma luz que "los hijos de la guerra," quienes creían que el artista responsable y empático no podía, no debería, permanecer impasible ante la tragedia humana cuando se enfrenta a injusticias de cualquier tipo. En su discurso "Los peligros de la indiferencia," Elie Wiesel proclama,

Por supuesto, la indiferencia puede ser tentadora—más que eso, seductora. Es mucho más fácil apartar la mirada de las víctimas. Es mucho más fácil evitar interrupciones tan groseras en nuestro trabajo, nuestros sueños, nuestras esperanzas. Después de todo, es incómodo, problemático, involucrarse en el dolor y desesperación de otra persona.

En cierto modo, ser indiferente a ese sufrimiento es lo que hace al ser humano inhumano. La indiferencia, después de todo, es más peligrosa que la ira y el odio. La ira a veces puede ser creativa. Uno escribe un gran poema, una gran sinfonía, uno hace algo especial por el bien de la humanidad porque está enojado por la injusticia que presencia. Pero la indiferencia nunca es creativa. Incluso el odio a veces puede provocar una respuesta. Luchas contra él. Lo denuncias. Lo desarmas. La indiferencia no provoca respuesta alguna. La indiferencia no es una respuesta.

La indiferencia no es un comienzo, es un fin. Y, por lo tanto, la indiferencia siempre es amiga del enemigo, ya que beneficia al agresor—nunca a su víctima, cuyo dolor se magnifica cuando se siente olvidado. El preso político en su celda, los niños hambrientos, los refugiados sin hogar—no responder a su difícil situación, no aliviar su soledad ofreciéndoles una chispa de esperanza es exiliarlos de la memoria humana. Y al negar su humanidad, traicionamos la nuestra. (Wiesel, "The Perils of Indifference," n.p.)

En concierto con los ángeles que forman la columna vertebral de este libro, y para tomar prestado uno de los títulos de Blas de Otero, Tony Mares es un "ángel fieramente humano" que canalizó su ira y compasión para escribir hermosos poemas "por el bien de la humanidad." Como afirma en su título, reflexiona sobre la tragedia de la Guerra Civil española a través del espejo convexo del tiempo; como rayos de luz aparentemente remotos, sus pensamientos sobre un cataclismo histórico largamente pasado golpean el espejo, y las imágenes que producen parecen más pequeñas y más alejadas de lo que realmente son. Pero es simplemente una ilusión óptica, un truco del cerebro o un eclipse del corazón; Mares sabe que los monstruos de la ira, el odio, los celos, la ignorancia y el dogma están más cerca de lo que parecen. Son inmensos y amenazan sin cesar, por lo tanto, como nos advierte en "Es mejor estar borracho," "en cualquier momento / el Ángel de la guerra / podría desplegar sus alas / una vez más sobre el paisaje" (61). Al igual que Antonio Machado, Ramón Sender, Federico García Lorca, Miguel Hernández, Ángel González—que aparecen en este libro—Tony Mares es un enemigo del enemigo e ilumina a las víctimas con su solidaridad. Que sus poemas se unan a los de ellos mientras "se levantan y giran / por los cielos, donde hasta los ángeles / más oscuros huyen de tan fuerte luz" (129).

BIBLIOGRAFÍA

Celaya, Gabriel. *Poesía*. 4a edición. Edición de Ángel González. N.p.: Alianza, 1988.

Chabás, Juan, y Carmen Valcárcel. *Literatura española contemporánea (1898–1950)*. Edición de Javier Pérez Bazo, Verbum, 2001.

Fernández, Tomás, y Elena Tamaro. "Biografía de Rafael Alberti." En *Biografías y Vidas: La encyclopedia biográfica en línea*. Barcelona, España: n.p., 2004. https://www.biografiasyvidas.com/biografia/a/alberti_rafael.htm, accedido 9 de junio, 2020.

Ízaro, J. de. "Decadencia del esteticismo." *El Sol* (Madrid), Sept. 16, 1932, p. 2.

Machado, Antonio. *Juan de Mairena: sentencias, donaires, apuntes y recuerdos de un profesor apócrifo*. 2a edición. Edición de José María Valverde. N.p.: Castalia, 1971.

Neruda, Pablo. "Sobre una poesía sin pureza" (Toward an Impure Poetry). En *Gül Biçimli Defter* (Rose Shaped Notebook). Trad. Ben Belitt Durukan. N.p.: Erdinç, 2018. erdincdurukan.blogspot.com/2018/09/pablo-neruda-sobre-una-poesia-sin-pureza.html, accedido 9 de junio, 2020.

Ribes, Francisco, ed. *Antología consultada de la joven poesía española*. Santander, Hermanos Bedia, 1952.

Serrano Plaja, Arturo et al. "Ponencia colectiva." *Hora de España* no. 8 (agosto 1937): 81–95. http://www.filosofia.org/hem/193/hde/hde08081. htm. Recuperado el 9 de junio de 2020.

Wiesel, Elie. "The Perils of Indifference." En *The History Place: Great Speeches Collection*, https://www.historyplace.com/speeches/wiesel. htm. Recuperado el 9 de junio de 2020.

BIBLIOGRAPHY

E. A. "Tony" Mares

BIBLIOGRAFÍA

In addition to the trips I have made to Spain, the time I have enjoyed in its various regions, and the people I have had the good fortune to meet there (and the conversations I have so much enjoyed with them, as you might suppose), I have also read many works about the Spanish Civil War (1936–1939). Here, writing as a poet and not as a specialized historian, I am going to cite in alphabetical order only a few of the books that were very useful to me as sources of information for this collection of poems.

Además de los viajes que he hecho a España y el tiempo que he gozado en varias regiones del país, y la gente que con suerte he llegado a conocer, y las charlas que tanto me han gustado allí, como es de suponer también he leído muchas obras sobre la Guerra Civil Española (1936–1939). Aquí, como poeta y no especialista de historia, voy a citar en orden alfabético únicamente algunos libros que me resultaron muy útiles como fuentes de información para este poemario.

Antony Beevor, *The Battle For Spain*, 2006.
Miguel Caballero Pérez, *Las trece úitimas horas en la vida de García Lorca*, 2011.
Robert G. Colodny, *The Struggle For Madrid*, 1958.
Paco Elvira, prólogo de Ignacio Martínez Pisón, *La Guerra Civil Española: Imágenes para la historia*, 2011.
Ian Gibson, *Federico García Lorca: A Life*, 1990.
Martha Heard, *Salir del silencio: Voces de Càlig 1900–1938*, 2013.
Ignacio Martínez de Pisón, *Enterrar A los muertos*, 2005.
Jorge M. Reverte, *La Batalla del Ebro*, 2012.

CONTRIBUTORS

E. A. "TONY" MARES (Albuquerque, New Mexico 1938–2015) was a noted poet, playwright, author, and gifted teacher. He received his PhD at the University of New Mexico, and after stints teaching at University of Arkansas and North Texas State he returned to his birthplace and taught English and creative writing at UNM until 2000. He authored, edited, and translated over a dozen books. Among those are his three previous poetry titles, *With the Eyes of a Raptor, Astonishing Light: Conversations I Never Had with Patrocino Barela,* and *The Unicorn Poem and Flowers and Songs of Sorrow.* Mares was also known for portraying Padre Martinez (of Taos), a distant uncle, in a one-man play that he authored, *I Returned and Saw the Sun.* Mares had a deep respect for the poor and those fighting social injustice, and he remained an activist his entire life. He taught his students and others close to him to follow Bertrand Russell's dictum: "Never try to discourage thinking, for you are sure to succeed."

COLABORADORES

E. A. "TONY" MARES (Albuquerque, Nuevo México 1938–2015) fue un reconocido poeta, dramaturgo, autor y un profesor con talento. Obtuvo su doctorado en la Universidad de Nuevo México y, tras un breve periodo enseñando en la Universidad de Arkansas y de North Texas State, volvió a su lugar de nacimiento para enseñar escritura creativa en UNM hasta el año 2000. Escribió, editó y tradujo más de una docena de libros. Entre ellos, podemos encontrar sus tres poemarios, *With the Eyes of a Raptor, Astonishing Light: Conversations I Never Had with Patrocino Barela,* y *The Unicorn Poem and Flowers and Songs of Sorrow.* Mares también destacó por representar al Padre Antonio José Martínez (de Taos), un tío lejano de Tony, en el soliloquio escrito por el mismo Mares, *I Returned and Saw the Sun.* Mares mostraba un profundo respeto por los pobres y por aquellos que combaten la injusticia social y fue un activista toda su vida. Enseñó a sus estudiantes y aquellos cercanos a él a seguir la máxima de Bertrand Russell: "No intentes disuadir a las personas para que no piensen, pues lo más probable es que lo consigas."

ENRIQUE R. LAMADRID (Embudo, New Mexico, 1948) followed poetry into a career of teaching and research in the areas of ethnopoetics, folklore and music, Chicano Literature, bioregionalism, and cultural cartography at the University of New Mexico. Lamadrid edits the award-winning Querencias Series at UNM Press. *Querencia* is a popular term in the Spanish-speaking world used to express love of place and people. The UNM Alumni Association awarded him the Erna Fergusson Award in 2020. In 2019 he received the *Premio Nacional "Enrique Anderson Imbert" de la Academia Norteamericana de la Lengua Española* award in recognition of his advocacy for the Spanish language and traditions of Nuevo México. That same year, the John D. Robb Award for Excellence in Music of the Southwest acknowledged his dedication to music education and scholarship. In 2003 the prestigious Chicago Folklore Prize honored his ethnography, *Hermanitos Comanchitos: Indo-Hispano Rituals of Captivity and Redemption,* and the American Folklore Society's Américo Paredes Prize applauded his cultural activism and curatorial projects.

ENRIQUE R. LAMADRID (Embudo, Nuevo México, 1948) siguió la poesía a una carerra de enseñanza con investaciones en las áreas de la etnopoética, la cultura y música popular, la literatura chicana, el bioregionalismo y la cartografía cultural en la Universidad de Nuevo México. Lamadrid edita la premiada serie *Querencias* en la editorial universitaria UNM Press. *Querencia* es un concepto popular en el mundo hispano que expresa el amor a lugares y gentes. La Asociación de Alumnos de UNM le otorgó el premio Erna Fergusson en 2020. In 2019, recibió el *Premio Nacional "Enrique Anderson Imbert" de la Academia Norteamericana de la Lengua Española* en reconocimiento de su defensa de la lengua española en Nuevo México y sus tradiciones populares. El mismo año recibió el premio John D. Robb Award en la Música del Suroeste por su dedicación a la educación e investigación sobre la música popular. En 2003, el prestigioso Chicago Folklore Prize honró su etnografía, *Hermanitos Comanchitos: Indo-Hispano Rituals of Captivity and Redemption* y el premio Américo Paredes de la Sociedad Americana de Folklore reconoció su activismo cultural y sus proyectos curatoriales.

FERNANDO MARTÍN PESCADOR
(Zaragoza, Spain, 1968)—educator,
writer, journalist, dreamer—has
worked for Bilingual Education
in Spain (ESL) and in the US as
a teacher and education advisor.
He was awarded the New Mexico
Association of Bilingual Education
Matías L. Chacón Prize in 2012.
Collaborating with Dual Language
Education in New Mexico, he
translated three books about dual
language education by Virginia Col-
lier and Wayne Thomas into Spanish.
In 2004 he published *Hamburguesas*,
a biographical novel about teaching
in a ghetto in Oakland, California.
In 2012 he published *Carabinieri*, a
zany noire novel. He has worked for
Spanish public television as a cultural
journalist (*La Mandrágora*, RTVE); he
created and directed the radio pro-
gram *100 años de cultura pop* (COPE
Madrid Sur); and he has collaborated
with several newspapers and maga-
zines. He is an official collaborator
of Academia Norteamericana de
Lengua Española.

FERNANDO MARTÍN PESCADOR
(Zaragoza, España, 1968)—educador,
escritor, periodista, soñador—ha tra-
bajado para la educación bilingüe en
España como profesor y director de
una Escuela Oficial de Idiomas y en
los Estados Unidos como profesor y
asesor de educación. Fue galardonado
con el premio Matías L. Chacón
otorgado por la Asociación por la
Educación Bilingüe de Nuevo Méx-
ico en 2012). En colaboración con
Dual Language Education in New
Mexico, tradujo al español tres libros
sobre educación de lenguaje dual
(Fuente Press) de los autores Virginia
Collier y Wayne Thomas. En 2004,
publicó *Hamburguesas* (Xordica), una
novela biográfica sobre la enseñanza
en un gueto en Oakland, Califor-
nia. En 2012, publicó *Carabinieri*
(Xordica), una disparatada novela
policiaca sobre la seguridad en el
siglo XXI. Trabajó como redactor
cultural en el programa de televisión
La Mandrágora (RTVE); creó y dirigió
el programa de radio *100 años de
cultura pop* (COPE Madrid Sur); y ha
colaborado con numerosas publi-
caciones. Es un colaborador oficial
de la Academia Norteamericana de
Lengua Española.

SUSANA RIVERA (Santa Fe, New Mexico, 1948) discovered the magic of words as a young child the first time she crossed the border from the United States to Mexico, her Mother's homeland, and heard English softly blend into Spanish and then create something new: Spanglish. The privilege of witnessing and participating in the birth of a new language inspired her to dedicate her life to the Word and its ultimate expression found in poetry. She studied Spanish and French literature at the University of New Mexico with incursions in foreign study in Mexico, Spain, and France. After a brief stint as a professor at the University of Oklahoma she returned to UNM, where she hopes she was able to transmit that magic to her students. She has published articles on, and anthologies of, some of the major Spanish poets and is one of the leading experts on the second generation of Spanish poets exiled in Mexico after the Spanish Civil War.

SUSANA RIVERA (Santa Fe, Nuevo México, 1948) descubrió la magia de las palabras desde muy niña la primera vez que cruzó la frontera de Estados Unidos a México, la patria de su madre, y escuchó el inglés mezclarse suavemente con el español y luego crear algo nuevo: spanglish. El privilegio de presenciar y participar en el nacimiento de un nuevo idioma la inspiró a dedicar su vida a la Palabra y sobre todo a la poesía donde se encuentra su máxima expresión. Estudió literatura española y francesa en la Universidad de Nuevo México con incursiones en estudios extranjeros en México, España y Francia. Después de un breve período como profesora en la Universidad de Oklahoma, regresó a la UNM, donde espera haber podido transmitir esa magia a sus estudiantes. Ha publicado artículos y antologías de algunos de los principales poetas españoles y es una de las máximas expertas en la segunda generación de poetas españoles exiliados en México tras la Guerra Civil española.